本书受河南省教育科学规划2021年度重点课题"地方高校应用型人才培养模式的路径与机制研究"（课题编号：2021JKZD13）资助

地方高校应用型人才培养的实践探索

吴国玺　著

西南财经大学出版社
Southwestern University of Finance & Economics Press
中国·成都

图书在版编目(CIP)数据

地方高校应用型人才培养的实践探索/吴国玺著.—成都:西南财经
大学出版社,2023.6
ISBN 978-7-5504-5314-2

Ⅰ.①地… Ⅱ.①吴… Ⅲ.①地方高校—人才培养—研究—中国
Ⅳ.①G649.2

中国版本图书馆 CIP 数据核字(2022)第 055800 号

地方高校应用型人才培养的实践探索
DIFANG GAOXIAO YINGYONGXING RENCAI PEIYANG DE SHIJIAN TANSUO
吴国玺　著

策划编辑:王琳
责任编辑:李特军
责任校对:陈何真璐
封面设计:张姗姗
责任印制:朱曼丽

出版发行	西南财经大学出版社(四川省成都市光华村街 55 号)
网　　址	http://cbs.swufe.edu.cn
电子邮件	bookcj@ swufe.edu.cn
邮政编码	610074
电　　话	028-87353785
照　　排	四川胜翔数码印务设计有限公司
印　　刷	郫县犀浦印刷厂
成品尺寸	170mm×240mm
印　　张	13
字　　数	240 千字
版　　次	2023 年 6 月第 1 版
印　　次	2023 年 6 月第 1 次印刷
书　　号	ISBN 978-7-5504-5314-2
定　　价	88.00 元

序

在多年的应用型本科院校建设研究中，我多次应邀到包括许昌学院在内的近20所应用型本科院校进行转型发展、发展规划、本科教学评估、专业集群与产业学院建设等方面的指导。我注意到，河南省教育厅推进应用型大学建设大致经历了应用型大学遴选建设、高水平应用型大学建设、示范性应用型大学建设三个不断递进跃升的阶段。许昌学院抓住了应用型转型发展的机遇，成为河南省首批应用型本科高校建设单位、首批高水平应用型大学建设单位、首批示范性应用型大学建设单位，其办学经验与特色多次在全国应用型大学建设的学术会议上交流，产生了较好的社会影响。近年来，我数次到许昌学院讲学、评估、指导，并受聘为该校客座教授。特别是在指导该校"十四五"发展规划研究与编制前后，我与该校领导特别是发展规划处处长吴国玺教授有了更多更深的交流。吴国玺教授勤于学习、研究、思考，善于将理论和实践相结合，是应用型本科高校中优秀的研究型中层领导干部。吴国玺教授在完成与他团队成员合著的《地方高校应用型人才培养的实践探索》后，邀请我为其新作写序，我欣然应允。

2010年以来，我国地方高校在教育部的领导下，开始向应用型发展转变，由此，大学的转型发展也成为高校管理者不断探讨的热门话题。经历10多年的改革和发展，应用型高校建设一方面推动了地方高校办学的规范化；另一方面，迫使地方高校把握人才培养的历史方位，不断推动内涵式发展，确立了应用型人才培养的发展走向。经过长期努力发展，地方高校走过了由小到大、由单一到多元、由弱到强的发展历程，实现了从规模扩张到内涵式发展的转变，并正在经历由内涵式发展到高质量发展的变革与跃迁。对应用型人才培养的相关研究以及实践探索，无疑对地方高校应用型人才培养具有十分重要的理论指导意义和实践推广价值。

在地方高校发展的历史变革中，尽管夹杂着来自政府、教育主管部门、高校管理者、教师、研究人员和办学利益相关方的多种声音，但是，毋庸置疑，来自高校和学术界的声音是其中的最强音。转型发展对原有高等教育体系、人才培养体系、大学运行机制以及大学治理模式等产生了一系列的影响，也形成了诸多应用型院校发展与应用型人才培养的研究成果。其中，在国内高等教育界产生重大影响的学术著作有潘懋元先生及其课题组发表的《应用型人才培养的理论与实践》、黄达人等发表的《大学的转型》、柳友荣发表的《中国"新大学"的崛起》、顾永安等发表的《新建本科院校转型发展论》，等等。这些探索从不同的视角，为中国应用型大学建设做出了重要贡献。但是，在国内众多关于应用型人才培养的研究中，深刻解读国家政策，全面阐述应用型人才培养机制、人才培养体系、人才培养模式、产业学院建设、专业集群建设等方面的著作尚不多见。

本书聚焦地方性应用型大学建设，致力探索应用型人才培养新模式，比较系统地研究了应用型人才培养的相关理论和内在逻辑，构建了应用型人才培养的整体框架。从宏观上看，本书从地方高校向应用型高校转变的实践出发，加强应用型人才培养机制研究，构建了应用型人才培养模式和培养体系，提出在政府的主导下，通过顶层设计，引导地方高校向应用型高校转变，通过产业学院建设，打破学习时空边界，推动产业链与教育链的融合。从中观上看，本书以建设应用型专业及专业集群，引导教师培养"双师型"素质；从微观上看，本书加强对应用型学科的知识体系、课程体系、教学方式等方面的探索与研究。研究者以许昌学院为例，以课程和教学改革为核心，加强应用型课程建设，通过搭建虚拟仿真实验教学平台，实施实践教学体系改革，梳理总结了应用型人才培养模式。

在转型发展过程中，应用型大学高质量发展必然涉及人才培养的许多方面，构建高质量教育体系是时代赋予地方高校的重要使命和重大课题。面对新时代、新使命、新要求，地方高校高质量发展，首先要聚焦人才培养的高质量。全面贯彻党的教育方针，落实立德树人根本任务，围绕应用型人才培养目标，培养德智体美劳全面发展的社会主义建设者和接班人，构建高质量应用型人才培养体系。其次，应用型人才培养需要高质量的师资队伍。要把教师教育和培养放在重要位置，切实加强师德师风建设，完善教师管理和发展政策体系，积极推进教师队伍高素质、专业化建设，提升教师教书育人的能力和素质。最后，在应用型人才培养的具体路径上，探索了依托"两个平台"，强化"三个环节"，落实"四个结合"，构建"三层次""四结合""三模块"实践教学体系的"UGE"协同育人、"OPCE"人才培养范式，形成了"UGE"三位一体协同育人模式、工学结合人才培养模式、绿色教育人才培养模式，等等。以上观点在本书中都得到了充分的阐述。这些具有创新性的学术观点与基于院校实践的经验提炼正是本书的特色与亮点。

在长期的研究与实践中，我既是应用型本科院校建设的研究者，也是应用型院校建设的实践者，有幸与许昌学院结缘，并且将许昌学院作为我的研究案例。吴国玺教授等一直从事应用型人才培养研究，近年来在各类学术期刊上发表了一些有影响力的文章，还直接参与到河南省重点示范性应用型本科高校的建设中，积累了丰富的研究素材和实践经验，取得了较多高质量的研究成果。这次吴国玺和他的团队成员将多年来的成果整理出版，将会对正在探索应用型人才培养的高校和研究人员提供很有价值的指导与参考。

2021 年 3 月 25 日，习近平总书记在闽江学院的重要讲话中充分肯定了应用型本科定位，进一步指明了应用型本科的办学方向，给应用型本科院校广大师生员工和办学利益相关者以巨大的鼓舞。我认为，我国应用型高等教育的良好生态系统已经形成，并正在迎来最好的发展机遇期。同时，我国应用型本科院校发展已经进入高质量发展的新阶段，并正处在新的发展起点上。特别是高水平应用型大学高质量发展对地方高校提出了新的挑战，也提供了新的机遇，未来发展任重道远，以应用型为核心特质、高质量为目标追求的中国新型大学的美好前景可期。目前，应用型院校发展研究、应用型人才培养研究处于初始探索阶段，还有很大的研究与探索空间。我衷心期望吴国玺教授及其团队继续努力，不断取得更多更有价值的成果，为我国高水平应用型大学建设与发展做出新的更大的贡献。

是为序。

顾永安

（常熟理工学院应用型院校研究中心主任、教授、博士生导师）
2022 年 5 月 10 日于江苏常熟南都璟园

前言

为了进一步优化调整我国高等教育结构，提升整体教育质量，助推经济转型升级和社会持续发展，教育部等三部委于2015年发布了《教育部 国家发展改革委 财政部关于引导部分地方普通本科高校向应用型转变的指导意见》，全面开启了地方高校的"转型之路"，为地方高校推进应用型改革创新提供了根本遵循。地方高校向应用型转变是一项系统工程，对于政府来说，需要审时度势，及时转变教育行政管理观念；对于高校来说，需要突破传统思维模式，在人才培养体制机制方面进行改革创新，制定具体发展战略和实施路径。

2012年以来，河南省教育行政部门以推动本科院校转型发展为抓手，先后出台《关于全面提高高等教育质量的若干意见》《关于促进普通高等学校分类发展的指导意见》《关于引导部分本科高校向应用型转变的实施意见》等文件，推动全省高等教育分类发展，提升高等教育服务经济社会发展能力，并于2013年和2014年先后确定两批共15所本科转型发展试点学校进行转型探索，走在了全国前列。2014年，全国178所高校在河南黄淮学院联合发布《驻马店共识》，发出了建设应用技术大学的"共同之声"。2015年，河南省启动了示范性应用技术类型本科院校（以下简称"示范校"）建设，先后分三批共16所"示范校"参与试点探索建设，从专业结构布局、人才培养模式、师资队伍建设、课程资源、发展平台等方面进行改革，面向地方产业经济与社会发展需求，加大对接当地战略新兴产业的新专业建设，积极应对产业的升级改造，将新技术、新方法、新工艺融入传统专业，加大"四新"专业建设力度；大力推进卓越人才培养计划，通过实行人才培养分层分类，强化对创新引领型人才的培养；深入开展产教融合，协同育人，鼓励学校与有关部门、科研院所、行业企业协同育人，实现资源共享、合作办学、合作发展，打造政、产、学、研一体化架构；将创新创业教育融入人才培养全过程，不断增强学生创业意识和创新创业能力。近年来，河南省财政累计投入专项资金4.7亿元，积极推动本科院校转型发展，逐渐形成了应用型高校建设的"河南现象""许昌模式"。2020年，站在"十四五"发展的节点上，这些"示范校"已经实现从单一的师范或技术院校向应用型高校的转变，并正在逐步向高水平应用型大学迈进。

其间，国内对应用型人才培养方面的理论和实践研究也在不断丰富。潘懋元先生及其课题组发表了《应用型人才培养的理论与实践》①，对应用型人才培养研究进行梳理和总结，进一步理清了应用型人才内涵、理论基础、思路及路径。与此同时，河南省通过应用型示范校建设，逐步形成了应用型大学建设的相关经验，为我们提供了大量实践成果与建议。进入新时代，面对新经济，在高等教育领域，国家对优化高等教育结构，"加快'双一流'建设，实现高等教育内涵式发展"做出了明确部署。这标志着中国高等教育进入了高质量发展的新阶段。但是，随着高等教育规模的不断扩大，高等教育面临适应经济社会发展需要的结构调整、区域发展水平不平衡的矛盾，对于高校自身来说，应用型人才培养的机制还未完全理顺。为探索地方高校应用型人才培养的机制与路径，本课题组申请了河南省教育科学规划2021年度重点课题"地方高校应用型人才培养模式的路径与机制研究"（课题编号：2021JKZD13），试图通过对应用型高校建设的经验总结，为地方高校人才培养、服务社会发展尽一点微薄之力。

10多年来，通过对应用型人才培养的研究和探索，本课题组从人才培养的理念、体系、模式与路径入手，深入探讨了应用型课程体系构建、专业集群建设、书院制、实践教学到应用型人才培养模式和产业学院建设，构建了基于OBE理念的应用型人才培养体系。其内容涵盖应用型人才培养的理念、体系、制度建设等方面，并结合许昌学院应用型人才培养进行了典型案例研究。本课题组坚持以人为本、积极培养"双师型"教师，贯彻新发展理念，在产学研合作、政校企合作等方面，从理论、内容、方法与实践上，探索了应用型人才培养的路径、机制，以期为推进应用型大学的高质量发展建设提供参考和借鉴。

本书共分为十三章。第一章、第二章，主要就应用型人才培养的背景、意义、国内外研究进展、相关理论进行研究，就应用型人才培养的内在逻辑，提

---

① 潘懋元. 应用型人才培养的理论与实践 [M]. 厦门：厦门大学出版社, 2011.

出了地方高校应用型人才培养的整体内容和框架；第三章主要论述地方高校向应用型转变的内涵与定位；第四章是应用型人才培养机制思考与探索；第五章从应用型人才的特征出发，构建了应用型人才培养模式和培养体系；第六章主要探讨应用型人才培养的框架与路径；第七章主要探讨地方高校产业学院建设；第八章探讨了地方高校应用型专业及专业集群建设；第九章主要论述了应用型人才培养的课程改革；第十章主要论述了地方高校实践教学与应用型人才培养；第十一章从书院制的起源与发展出发，论述了新时代"书院制"育人体系的构建；第十二章基于应用型高校创新创业的理论与实践，探讨了"双创融合"培养应用型人才；第十三章探讨了应用型人才培养质量体系的构建。

本书根据人才培养的内涵，构建了应用型人才培养体系和模式，叙述了我国应用型人才培养的现实动因、研究现状和个性特点。即以产教融合平台为基础，不断推进产业学院和专业集群建设，通过"双百工程"，建设高水平"双师型"师资队伍，并通过"校地合作""政校企融合""四维一体"等途径，实施以理论知识为中心的课程体系向以实用知识为中心的课程体系转变。本书既有对应用型人才培养模式与规格的共性研究，又有对地方高校的个性研究；既重视对问题的理论分析，又重视实证研究。本书提出在应用型人才培养上，依托"两个平台"，强化"三个环节"，落实"四个结合"，构建"三层次""四结合""三模块"实践教学的"UGE"协同育人体系，并结合对育人理念、育人模式、育人制度的不断深化与完善，形成"UGE"三位一体协同育人模式、工学结合人才培养模式、绿色教育人才培养模式，以期实现应用型人才培养的目标，为经济社会发展服务。

在应用型人才培养机制方面，我们通过研究大量的实践探索案例，提出构建学生全面发展的教育教学机制、应用型人才培养的教学管理机制，强化协同，调动各方参与的积极性；加强组织机构建设，健全完善制度，构建人才培养的质量监控评价机制、应用型学科专业与课程建设管理机制；实施校内外相互配合，构建校地共建的人才队伍激励机制及三级创新创业教育机制，推动应用型人才培养方式的多样化。在应用型人才培养的路径方面，本书提出通过明确目标定位、实施产教融合、构建应用型学科专业集群、建设产业学院等路径，达到培养应用型人才的目的。

本书具体撰写分工如下：第二章的第三节，第三章，第四章的第二节、第三节由贾晓红撰写；第五章由贺洁撰写；第八章第一节、第三节和第四节由刘培蕾撰写；第九章的第一节由姚琳撰写；其他章节由吴国玺撰写。全书由吴国玺、刘培蕾校对、统稿。

　　本书在撰写过程中得到了国内同行专家和学校领导的大力支持和帮助，在此向他们谨致谢忱。特别感谢教育部本科教学工作评估专家顾永安教授的悉心指导并为本书作序。特别感谢西南财经大学出版社的王琳老师为书稿出版付出的心血。同时，我们在编写过程中参考和引用了多位专家、学者的研究成果，书中未能一一注明，在此特致歉意。尽管我们做了很大努力，但由于时间、资料以及水平所限，书中难免存在疏漏甚至不当之处，恳请有关专家和读者指正！

吴国玺

2022 年 5 月

目　录

第一章　绪论

一、研究的背景与意义

（一）研究的背景

1. 高等教育普及化

据统计，2020 年我国高等教育毛入学率已经达到 54.4%，这预示着我们开始步入高等教育普及化阶段。"十三五"时期，中国高等教育的支撑、服务、引领能力不断增强，未来我国高校还将成为推动国家发展的重要引擎。地方高校作为我国高等教育体系的重要组成部分，无论是从学校数量还是从学生规模来看，都是人才培养的主力军。对于地方高校而言，要想在本科教育人才培养的激烈竞争中成为赢家，必须注重自身的人才培养优势和特色，以应用型人才培养为目标定位，做到真正融入地方，面向地方，为地方经济社会发展服务。

从国内外高等教育发展史看，应用型人才培养是经济社会和高等教育发展的必然产物。20 世纪末，随着以科学技术创新为基础的新兴工业产业的发展，对应用技术型人才的需求显著增加。特别是我国高等教育逐渐迈入大众化阶段以后，如何面对经济社会发展的客观需要，及时反映劳动力市场需求变化是高等教育必须正视的问题。部分高校的定位开始由培养高层次学术人才和专业人才转变为培养应用型人才。

2017 年以来，在国家产教融合政策推动下，打造教育链、人才链与产业链、创新链有机衔接，激发服务区域经济的内生动力，成为地方高校转型发展的重要途径。许多高校围绕区域产业经济发展，不断深化"校地合作""校企合作"，不断探索创新应用型人才培养模式，逐步走出了一条有别于老牌大学的应用型大学之路。那么，如何围绕高水平应用型人才培养，形成稳定的人才培养机制，是值得深入研究和探索的重大课题。

2. 应用型人才培养的内在逻辑

应用型人才培养的目的是为社会经济发展服务。其目标既要考虑到人才的市场需求，也要兼顾学生成长需求与学校人才培养定位，以此在适应社会需要与尊重学生发展两者之间找到平衡点。人才培养质量和学术水平是衡量一所大学的重要标志，高水平的人才和科技产出能有效提高学校水平。各类地方高校要把创建一流本科教育作为重要任务，围绕一流应用型人才培养进行改革创新。特别是针对我国高校发展不均衡、服务地方经济能力不足、人才培养质量与产业需求存在结构性失衡等现实，应用型本科高校必须不断加强教育与生产深度融合，培养出符合社会和企业发展需求的人才，提高科学研究及其成果转化的效率，提升大学服务地方经济发展的能力、科学研究及其人才输送的诉求。通过为地方培养社会需要的应用型人才，将科研成果转化成现实生产力，促进地方产业经济繁荣稳定。

应用型人才培养的起点是目标定位，实现人才培养的载体是专业，通过应用型专业建设，构建应用型课程体系，实施产教融合，建设实践教学基地、虚拟仿真实验室，形成多元的应用型人才培养模式。通过对原有人才培养的组织方式、运行机制改革，达到人才培养的目的。

3. 应用型高等教育的发展

进入新时代，坚持"以本为本"，全面落实"四个回归"，秉持"学生中心、产出导向、持续改进"（OBE）的理念，全面提高应用型人才培养质量，构建高质量的高等教育体系，已经成为我国高等教育发展的目标。人才培养是大学最基本的职能，众多应用型高校，通过教育理念、管理体制以及教学手段方法的转变，加强顶层设计，全面实施"内涵提升、改革创新、开放融合"战略，实现人才培养目标及培养模式不断向应用型转变。立足高等教育的转型与分类发展，探索地方高校办学规律，总结地方高校应用型人才培养体系与实践，已成为当前急需研究的课题。基于地方性、应用型人才培养的实践探索，结合对育人理念、育人模式、育人制度的深化，通过探索协同育人、工学结合人才培养、绿色教育人才培养模式，具有重要的现实意义。

（二）研究的意义

从地方高校应用型人才培养的理念、实践及实施路径切入，深入研究新时代、新经济发展以及新技术、新业态、新模式和新产业（以下简称"四新"）建设背景下，地方高校如何进一步培养适应经济社会发展所需要的高质量应用型人才，从应用型人才培养的机制、路径入手，探索应用型人才培养的体制机制，为我国应用型人才培养改革提供参考和理论依据。

在对地方高校应用型人才培养现状分析的基础上，结合当前地方高校发展的实际，对应用型人才培养过程中出现的问题进行研究，对探讨适合地方高校办学规律、适应区域经济发展的应用型人才培养具有启示意义，有助于地方高校培养高素质应用型人才，实现对区域经济建设的人才保障和智力支持。

通过对地方高校应用型人才培养的研究，有利于培养具有扎实的理论知识和实践能力的应用型人才，有助于调动社会各界的积极性，提升社会和企业的竞争力，加快产业转型和经济发展，对增强综合国力、提升企业的竞争力都具有重要的实践意义。

二、研究的思路与内容

（一）思路与方法

在 OBE 教学理念、"大应用观"和校企协同理念的指导下，从应用型人才培养的理论出发，从应用型人才培养的内涵、机制与路径出发，将高等教育普及化、教育服务社会、产教融合等相关理论融入应用型人才培养。

通过分析应用型人才的特征，确立地方高校向应用型转变与发展的定位，构建应用型人才培养体系，从应用型专业建设、应用型课程建设、实践教学体系建设、虚拟仿真实验教学体系建设、应用型人才培养与质量控制、地方高校应用型人才培养的实践等方面，提出培养应用型人才的实施路径和培养保障措施。

以产教融合为基础，不断推进产业学院和专业集群建设，建设高水平"双师型"教师队伍。通过"校地合作""政校企融合""四维一体"等途径，实施以理论知识为中心的课程体系向以实用知识为中心的课程体系转变，培养高素质应用型人才。

（二）内容与框架

本书基于地方性、应用型人才培养的机制与路径实践探索，共包含十三章内容。

第一章是绪论部分。本章主要包括选题的背景、研究意义，开展研究的具体内容和方法，以及应用型人才培养的逻辑及整体内容框架（见图1-1）。

第二章主要是应用型人才培养的相关理论。本章包括应用型高校、应用型人才、应用型人才培养、应用型人才培养的理念等相关概念、理论基础研究探讨。

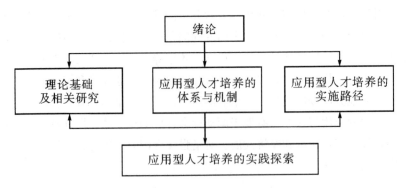

图 1-1　地方高校应用型人才培养探索的思路

第三章主要从国内外视角分析应用型人才培养研究进展。本章在国内外研究的基础上，分析应用型本科院校培养应用型人才的需求，充分说明培养应用型人才的必要性、可能性。

第四章是在前期文献综述的基础上，对地方高校向应用型的转变内涵和发展定位进行分析，总结提炼应用型人才的维度，建构应用型人才培养的模型。

第五章是应用型人才培养体系的探索。本章主要从应用型人才培养的特征、应用型人才培养模式、应用型人才培养体系的构建等方面进行架构梳理，为后面分章论述应用型人才培养的模式打下基础。

第六章主要论述地方高校应用型人才培养的路径，构建地方高校应用型人才培养的框架，探索地方高校应用型人才培养的路径。

第七章主要是对现代产业学院建设方面的思考，探索构建现代产业学院的组建原则、组织架构以及运行机制。

第八章主要论述地方高校应用型专业建设，提出依托产业建设应用型专业，构建专业集群，并进一步建立应用型人才培养专业建设保障。

第九章是地方高校应用型人才培养的课程改革与课程建设，包括地方高校应用型课程体系、课程建设与课程开发。

第十章主要论述地方高校实践教学与应用型人才培养。本章以地方高校实践教学基地建设为重点，结合虚拟仿真实验与人才培养典型案例，论述了产教融合背景下应用型人才培养。

第十一章从"书院制"的起源与发展出发，论述现代大学人才培养体系下"书院制"建设与应用型人才培养。

第十二章主要基于应用型高校创新创业的理论与实践，探讨"双创融合"背景下培养应用型人才。

第十三章主要根据地方高校应用型人才培养的模式探索，探讨了应用型人才培养质量体系的构建。

三、国外应用型人才培养研究

国外应用型人才培养的理论及实践研究十分丰富。就人才培养模式来说，具有典型性的是形成了以英国为代表的 BTEC 职业教育模式，以美国为代表的 CBE 模式，以德国为代表的"双元制"模式，以日本为代表的 TUT 模式，以澳大利亚为代表的 TAFE 模式等。下面主要介绍前三种模式。

（一）英国应用型人才培养

1. 英国应用型人才培养概况

英国高等教育起步较早，高等教育体系较为完备。在应用型大学研究方面，应注重教育教学质量保证体系建设，尤其是在追求卓越、实行精细化管理方面的优势明显。此外，在课程体系设置、课堂教学模式、学习评价方式以及课外教学服务等方面，通过不断创新教学方式、灵活设置面向就业的课程位居全球领先地位。

英国把学生的全面发展作为人才培养的终极目标。英国十分注重学生的个体差异和性格特征，因此在培养过程中特别强调学生开放、多元的思维模式以及个性发展，以适应现代经济社会对跨界、融合能力的需要。在应用型人才培养方面，强调教育的实践本质、注重训练学生独立思考的能力、批判性的思辨。

以现代社会生活为依据设置综合课程。随着社会经济的发展，英国各高校一方面强调基础理论，加强基础知识与基础理论的教学；另一方面，普遍开设灵活多样的选修课程，推动课程的综合化，并有逐步增加选修课比重的趋势。

根据科学技术的发展需要设置应用型课程。依据时代发展需求，以毕业生就业走向为核心，注重课程的实用性及时代性，调整课程结构。使其能够积极参与社会合作，培养学生在现实中独立分析问题、创造性解决问题的能力。

2. BTEC 职业教育模式

BTEC（Business & Technology Education Council，BTEC）是商业与技术教育委员会的简称。它成立于 1986 年，是英国权威的职业资格开发和颁证机构。BTEC 证书是英国实施职业教育颁发的最有影响的国家职业资格证书之一。BTEC 在课程、考试和评估方面侧重职业与专业的教育培养，因此英国很多大学除了开设大学学位教育课程之外，还单独开设了 BTEC 课程。BTEC 与学位文凭一起被视为"规定的高等教育"，攻读 BTEC 的学生不仅可以直接就业，也可以到大学继续攻读学士或硕士学位。BTEC证书既是学历文凭，又是职业教育资格，为英国培养出了大量的高素质应用技能型人才，在英国的教育系统中占据重要地位。

目前，BTEC职业教育课程模式在世界130多个国家（地区）实施，其培养模式和学生质量得到广泛认可。该模式主要具有以下四个特征：

（1）目标明确，重视学生核心能力培养

BTEC以培养实用型人才为目标、以能力为本位，尤其注重学生核心能力的培养。核心能力一般指适应未来社会学习、工作与生活的通用能力。BTEC将核心能力归纳为自我管理与发展能力、合作能力、交往能力、任务安排和解决问题能力、数字运用能力、技术应用能力、设计和创新能力七大类，始终贯穿人才培养的全过程。

（2）市场导向，突出课程设置职业性

注重市场需求分析，开展市场研究，根据市场的职业需求设置BTEC专业；教学大纲以雇主协会制定的职业资格标准为基础；组织课程内容以职业活动为线索，从而使BTEC课程在更大程度上满足职业的需求。

（3）学生中心，强调教学方法革新和实践性

BTEC课程教学活动改变了传统教学中以教师为中心的模式，强调以学生为中心，注重学生的自主学习和主体性参与，尤其强调将理论和实践、课内和课外结合起来，采用多种多样的教学方法，如课堂讨论、实践实习、社会调查、小组活动等，培养学生在各种实践活动参与中获得直接经验。

（4）过程为主，注重学生评价方式多样化

BTEC考核的主要形式以过程性评价为主，重点考核学生解决实际问题的能力和通用能力的发展水平。BTEC不设立最终的期末考试，而是在学习的过程中进行考核。BTEC教学要求每门课程每学期安排两三个课时，学生学业成绩考核评价包括课业评价、平时表现的评价和能力增长的评价。评价内容形式多样化，如测验单、实验报告、实习报告、教师的书面反馈意见等。另外，评价主体多元化，除了学校评价之外，BTEC还特别注重社会第三方评价和学生自我评价相结合。

（二）美国应用型人才培养

1. 美国应用型人才培养的历程

根据美国高校在不同历史时期发展的特点，可将应用型人才培养的历程分为萌芽、发展、形成三个阶段。从19世纪初到第二次世界大战期间，是美国应用型人才培养的萌芽阶段。这个时期以赠地大学和初级学院为代表，紧随社

会需求，开设了农业、机械制造维修、畜牧业、农业植物学、兽医学等相关专业，打破了传统高校人才培养模式的束缚，开创了应用型人才培养的先河。这些学校为各州培养了大量的农工应用型人才，推动了农业科学技术的发展。

从第二次世界大战结束到 20 世纪 90 年代，是美国应用型人才培养的发展时期。伴随第二次世界大战大批战士复员，许多因战争耽误学业的退伍军人选择重新到高等院校接受高等教育学习或职业培训。社区学院的发展，推动政府设立更多的高等教育机构，以满足人们受教育的需要。继 1989 年美国国会通过《国家竞争力强化训练法案》、要求全面优化应用型人才培养模式后，1990 年，又在《卡尔·珀金斯职业与应用技术教育法》中推出"技术准备计划"，提出技术教育是美国政府为促进经济发展而设计的一套宏观职业教育指导方案，不是专门指一种学校或某种类型的职业教育课程。这一时期，美国应用型大学人才培养的数量和教育机构的种类进一步增多，应用型人才培养发展迅速。

20 世纪 90 年代至今，是美国应用型人才培养的形成阶段。一是颁布了《投资于美国的未来：职业技术教育改革蓝图》，将培养高质量应用型人才与市场所需人才进行无缝对接，构建了应用型人才培养法制体系。二是实施了《从学校到工作机会法》（School to Work Opportunities Act，STW），随后，与生涯教育、STW 理念相似的 STC（School to Career，STC）理念开始在美国兴起，并影响了美国高校应用型人才培养的课程改革，应用型人才培养生涯体系不断完善。三是 20 世纪 90 年代以来主要是能力本位人才培养模式，随后以工作岗位的需求培养人才演变为合作教育人才培养模式等，开展了 MOOC 和 MOOCS 网络教学，形成了由单一模式转向多样化人才培养。

2. 美国应用型人才培养的特征

美国应用型人才培养具有人才培养职业化、课程设置地方化、培养机构多样化和培养体系法制化四个特点。

人才培养职业化。马兰·西德尼提出，应用型人才培养应放弃传统的教育分类方法，加强对学生的实践能力培养，提出生涯教育的理念。实施了可以渗透到所有年级并使所有学生获得职业发展的职业教育，演变成为一场全国性的生涯教育运动，形成人才培养职业化。课程设置地方化是指美国高校经常组织相关专家，就当地社会经济的发展和不断变化的社会需求进行论证、分析，然后根据经济发展和区域需求构建相应的课程体系，强化学生对专业知识和应用能力的运用，促进了区域经济和社会的发展。

第二次世界大战以后，美国经济和科技的高速发展对应用型人才培养提出了更高的要求。随着社区学院、技术学院、职业性学院等具有应用型特征的学校的大量兴起，应用型人才培养的高等教育机构日益多元化。培养体系的法制化表现在：美国非常关注应用型人才培养制度建设。1917 年联邦政府颁布了《史密斯·休斯法案》，1918 年联邦政府颁布了《史密斯·习尔斯法案》，1963 年联邦政府颁布了《职业教育法》，1990 年联邦政府颁布了《卡尔·D. 伯金斯职业应用技术教育法》，2006 年联邦政府颁布了《卡尔·D. 帕金斯生涯技术教育改进方案》。这一系列应用型人才培养法案，促进了职业教育发展，保障了应用型人才培养的实施。

3. 美国应用型人才培养模式

朱姿诺（2017）认为，美国创业教育模式的成功离不开系统化的课堂教学，专业的师资队伍及完善的保障系统，包括多元的资金来源、良性的创业生态系统。孙华峰和李清芳（2014）认为，美国坚持以学生为本，提倡学生进行自我判断、崇尚观念自由、尊重学生特长、注重学生评价，应用型创新人才的培养采取合作教育、CBE 模式、现代学徒制等模式。美国应用型人才培养研究主要侧重在定位、课程研究、教学方法、培养模式等方面，每一方面都有各自研究的重点内容。其中，课程研究侧重对课程设置的目的、内容、教授课程的形式；教学方法则主要介绍的是基于问题的教学方法，目的在于模拟真实的生活情景让学生提早适应职业生活；培养模式主要是对不同主体如政府、企业、社会服务部门与大学展开的合作培养。

（三）德国应用型人才培养

1. 德国"双元制"教育模式的内涵

德国高等教育体系比较完备，各种类型的学校定位清晰。综合大学以系统理论知识学习为主，主要培养学术型科学后备人才；应用技术类大学以学生就业为目标，主要培养工程技术型人才。其中，应用科技大学是德国高等教育独具特色的发展模式，是将在高等院校或职业学院的大学学习与在企业的职业培训或实践融合在一起的一种学习模式，高校和企业联合培养学生，即所谓的"双元"。"双元制"教育模式经过长期发展，在办学理念、培养机制、师资培训、校企合作等方面形成了一套独具特色的应用型人才培养体系。

（1）制定职业行动能力的教育目标

德国十分重视职业行动能力的培养。《联邦职业教育法》规定，通过有序的教育过程，传授在不断变化的就业环境中从事合格的职业工作所必需的职业技巧、知识和能力。职业行动能力的教育目标要求，培养出来的学生不仅应具备解决职业问题的能力，同时还要具备较强的跨专业领域的个人能力、社会能力、方法能力与学习能力。

（2）多方合作双元兼容的协调机制

"双元制"教育是在国家制度及法律框架下，通过政府部门的组织和协调，搭建由职业学校、行业企业、工会组织等主体共同参与的职业教育平台。在这个平台上，各方利益主体通过法律、机构职能和决策机制，以及"框架发展—标准研发—执行监管—评估认证"，实现学校教育与企业培训"双元制"职业人才培养的全过程。经过多年发展，形成了独特的"政府协调、行业监管、企业主导、学校补充"的多方合作、双元兼容的协调机制。

（3）职业教育标准和技能标准融通

与学术型人才培养一样，为了提高应用型人才培养质量，也为了构建不同类型学校共同发展的良好格局，德国专门构建了与普通教育等值的职业教育国家资格认定框架。该框架经国家主管机构评估并确认，对达到既定学习标准的个人职业能力给予认定，一般包括证明、证书、文凭、学位等形式，在类型上包含学历资格与职业资格两种。这种由国家建立的资格框架体系，可以将所有类型的教育与资格纳入其中，标准统一明确，且不同条目之间一一对应，有利于职业资格与学历资格的等值和互换，同时强化了职业教育的国家地位和特殊作用。

（4）完善的职业教育体制保障

为了推动"双元制"的发展，德国在职业教育管理模式上分工明确，联邦政府和各州之间各司其职、相互配合。一方面，各州按《州学校法》的规定，负责管理协调学校的职业教育；另一方面，联邦政府根据《联邦职业教育法》《联邦职业教育促进法》《联邦劳动促进法》《企业宪法》《联邦青年劳动保护法》等相关法律法规，负责管理统筹企业的职业教育。通过以上合理的管理模式以及较为完备的法律和政策制度，确保了职业教育各参与主体的权利和义务。

2. 德国应用型人才培养的经验

（1）树立主动为企业服务的意识

德国大学树立了主动为企业服务的全局意识，根据企业需要适时调整专业设置与课程内容，为企业提供全方位的服务。在校企合作过程中，企业作为盈利主体，付出资金、设备、场所，在此基础上获得相应的收益性回报。我们也应该树立主动服务企业的意识，满足企业在合作中的合理需求，激发企业参与的热情，建立校企合作的深度联盟，主动为企业服务。

（2）培养企业需要的高质量人才

德国应用科技大学与企业搭建多种校企合作平台。这种平台不仅是培养学生的操作能力和职业适应能力，以专注于更高层次的综合性人才培养目标，还包括培养复杂情况下的应变能力、跨专业、跨领域的知识学习能力、为企业解决实际问题的管理能力以及创新创造能力等。通过这种形式，培养企业需要的高素质的应用型人才。

（3）构建合作共赢的校企协同机制

德国校企联盟是一种建立在高校、企业、政府、学生、教师等主体的合作联盟，该组织涉及教学、科研、管理等方面。政府为合作创造良好的外部环境，企业具有高度的社会责任感，这种政、校、企合作联盟，多方主体的积极参与，为高质量的人才培养提供了现实基础，促进了应用型人才培养的持续发展。

四、国内应用型人才培养研究

我国对应用型人才培养的研究从 20 世纪 80 年代开始，当时的层面较窄。进入 21 世纪以来，随着大量新建本科院校的兴起，本科层次的应用型人才培养逐渐增多。通过对相关研究成果进行梳理，对应用型本科人才的研究主要包括以下六个方面：

（一）应用型人才培养的理念研究

应用型人才是相对于学术型人才而言的，兼具理论素养和实践能力，用科学理论指导社会实践，为社会发展创造经济效益的人才。对于应用型人才培养的理念，目前学者还未达成一致。徐国庆从应用型人才的理解出发，对应用型人才的特征、分类、含义、能力结构和培养意义等进行了阐释。赵炳辉认为，应用型人才培养是学校按照经济社会发展需求、办学定位、历史传承和人才培养特征，以创新精神和知识应用能力的培养作为价值取向，是教育理想、信念以及行动原则在实践活动中的体现。在培养目标上，不再以单纯的知识积累为主，实践能力和综合素质成为人才培养的关键。

（二）应用型人才培养的教学研究

在教学内容上，注重专业教育与人文教育的结合成为主要趋势。在教学模式上，应用型人才培养还应打破传统单一的以学校课堂教学为主的封闭模式，建立开放的、多元的学校、企业社会共同参与合作的教学新模式。除此之外，应用型人才培养应以学科专业建设为基础、不断改进教学方法、加强教学支持和保障，以应用型人才培养的产出结果为导向建设学科专业、课程内容、教学方式、评价方法、保障机制等。

（三）应用型课程设置研究

张学良和王润孝等认为，顶石课程是以体验式教学、团队协作式课程组织、形式多样的教学手段和多元化考核评估的课程实施方式，在整合学生知识、提升综合素质和促进学校教学方面发挥了积极作用。强调实践教学，自主构建知识体系，加强学生对专业知识的有效整合，提升沟通交流、研究问题的能力。在授课课时保障的前提下，小班化教学，依托企业实际项目，通过课堂教学解决实际问题。

（四）应用型人才特征研究

赵瑞玉提出，培养本科层次的应用型人才需要达到两个符合：一是人才培养目标和培养规格要符合国家对本科教育的基本要求，二是培养的人才规格要符合行业企业岗位要求，即要具备解决实际问题的能力。顾永安教授指出，应用型人才培养应具有以下两个特征：一是应用的实践性，二是理论与实践相结合的复合性。赵永平认为，本科人才的基本要求是"厚基础、宽专业、强能力、高素质"，应用型人才培养基本框架是"能设计、会施工、懂管理"。谭璐星认为，应用型本科人才具有行业性、应用性和社会性的特点。周惠认为，应用型人才的长远目标是为区域经济社会和行业发展做贡献，培养的人才需要掌握必须够用的专业知识、基本的专业实践技能，以及最为关键的综合职业能力和全面素质。

（五）应用型人才培养模式研究

应用型人才培养模式可概括为理论与实践组合类和校企合作深化实践类。理论与实践组合类模式包括"3+1"人才培养模式、"四证一体"人才培养模式、CDIO 工程教育模式等；校企合作深化实践类模式包括以"企业全程介入"为特征的应用型人才培养模式、"校企合作"为特征的人才培养模式等。在人才培养模式的内涵建设方面，陈小虎从突出工程技术能力本位的教育思想、突出以教师为主导、学生为主体的教学理念、突出学生全面素质的提高、突出可持续发展能力和创新能力等方面论证了应用型人才的培养问题。徐理勤从应用型本科人才培养规格着手，强调了培养方案设计与实施的重大意义。霍振霞认为，应用型本科人才应该坚持市场导向、突出应用能力、坚持知能结合、专通结合的培养原则。顾永安认为，应用型人才培养模式改革的内容应主要应从课程结构、教学内容、教学方式方法、考核方法方面进行。张其敏和王光明等指出，地方本科院校还是要抓住学生职业能力和职业品质的培养，其重心还是要落实到校企合作上来。

（六）关于产教融合的相关研究

产教融合、校企合作是应用型人才培养的重要途径。两者之间既有区别又有联系，共同之处都是通过与行业企业的合作，提高人才培养质量。但是，产教融合相较于校区合作，其内涵更加丰富，合作的内容更加广泛，合作的深度更加深入。应用型人才的培养目标决定了产教融合是地方高校人才培养的必然选择，是教育系统与产业系统有机衔接的桥梁，对激发区域经济活力具有重要意义。2017年12月，国务院办公厅印发了《国务院办公厅关于深化产教融合的若干意见》，提出了深化产教融合的具体举措，为推动高校产教融合人才培养改革、提高高等教育人才培养质量提供了行动指南。

作为应用型教育的重要探索，产教融合、校企合作一直是当下高等教育理论研究的热点。合作主体的多元性、合作方式的多样化、合作内容的广泛性，决定了以此为研究的复杂性、层次性、丰富性、不确定性。这些成果主要体现在管理体制上的产教融合、办学模式上的校企合作、课程教学上的工学结合上。林江鹏等剖析了"产教融合、校企合作"协同创新人才培养模式的理论内涵；刘建平研究了协同创新人才培养模式及运行机制；唐宇等人针对地方本科高校与地方经济产业链对接不紧密等问题，提出学校应主动出击，争取政府、行业、企业多方资源；通过提高学科专业建设水平，提升应用型课程质量、推进课堂教学方法改革、加强"双师型"师资队伍建设；建立实习实训基地等途径强化协同育人培养成效。

除此之外，关于应用型人才培养的现实困境、生成原因以及改善策略方面，学者们也进行了相关研究。在现实困境方面主要表现为应用型人才培养目标定位不明晰、学科专业建设与区域产业联系不紧密、课程结构不合理、"双师型"教师队伍建设相对滞后、制度供给不足等。在策略等方面主要从学校与政府两个角度出发，提出学校要更新教学理念，优化学科专业布局、加强"双师型"教师队伍建设、创新人才培养模式、深化产学研合作等。政府要从政策保障、服务保障、评估保障等方面，创造良好的应用型人才培养的外部环境。

参考文献：

［1］聂智. 英国高等教育模式研究与启示［J］. 出国与就业（就业版），2011（10）：227-228.

［2］邓文，张勋. 英国人才培养工作中的校企联合［J］. 江苏高教，1990（6）：73-74.

［3］TERENCE CHONG. Vocational education in Singapore：meritocracy and hiddennarratives［J］. Discourse：Studies in the Cultural Politics of Education，2014：637-648.

［4］刘启娴. 高职发展模式初探［J］. 教育研究，1998（7）：51-55.

[5] 李俊杰. 奥巴马政府培育市场人才计划及其对我国的启示 [J]. 成人教育, 2016, 36 (12): 92-94.

[6] 范明慧. 美国帕金斯职业教育法案Ⅳ修订与颁布的背景 [J]. 教育现代化, 2017, 4 (30): 173-174, 185.

[7] 灵雪萍. 国际职业技术教育研究 [M]. 杭州: 浙江大学出版社, 2004.

[8] 刘娜. 美国社区学院课程设置功能性研究及启示: 以密歇根州兰辛社区学院为例 [J]. 职业技术教育, 2017, 38 (32): 71-74.

[9] 朱姿诺. 美国高校创业教育: 历史、经验与启示 [D]. 武汉: 华中师范大学, 2017.

[10] 孙华峰, 李清芳. 美国应用型创新人才培养模式的本土化研究 [J]. 中国职业技术教育, 2014 (18): 74-78.

[11] BIBB. Duales Studium [EB/OL]. (2018-04-28) [2021-12-15]. https://www. bibb. de/de/702. php.

[12] 余传玲. 德国双元制大学教育模式的特点及对我国地方本科院校转型的启示 [J]. 职业教育研究, 2018 (11): 88-92.

[13] 姜大源, 刘立新. (德国) 联邦职业教育法 (BBi G) [J]. 中国职业技术教育, 2005 (35): 56-62.

[14] 周彦兵. 产教融合视域下德国 "双元制" 模式分析及借鉴 [J]. 教育与职业, 2020 (12): 65-70.

[15] 王菁华, 梁伟样, 李钧敏, 等. 德国 "双元制" 成功奥秘: 职业教育标准研发与实施 [J]. 职业技术教育, 2020, 41 (24): 66-70.

[16] 席成孝. 从发达国家人才培养模式改革看我国地方高校应用型人才培养模式的创新 [J]. 安康学院学报, 2013, 25 (1): 92-97.

[17] 徐国庆. 技术应用类本科教育的内涵 [J]. 江苏高教, 2014 (6): 11-14.

[18] 赵炳辉. 创新应用型人才培养的理念与模式探析 [J]. 北华大学学报 (社会科学版), 2016, 17 (5): 1-5.

[19] 刘焕阳, 韩延伦. 地方本科高校应用型人才培养定位及其体系建设 [J]. 教育研究, 2012, 33 (12): 67-70, 83.

[20] 张学良, 王润孝, 杨永. 美国高校顶石课程评介及启示 [J]. 中国大学教学, 2017 (5): 93-96.

[21] 赵瑞玉. 应用技术大学人才培养模式的几点思考 [J]. 学园, 2014, 1: 18-19.

[22] 顾永安. 新建地方本科院校的转型发展 [M]. 北京：中国社会科学出版社，2012，175-176.

[23] 赵永平，武鹤，曹晓岩. 土木工程专业应用型本科人才培养体系的创新与实践 [J]. 中国大学教学，2004，5：60-61.

[24] 谭璐星. 应用型本科人才培养模式研究 [D]. 武汉：湖北大学，2011.

[25] 周惠. 新建本科院校应用型人才培养模式的现状研究 [D]. 南昌：南昌大学，2011.

[26] 甄国红，王娟，张天蔚. 应用型本科财务管理专业"四证一体"人才培养模式的探索与实践：以吉林工程技术师范学院为例 [J]. 中国大学教学，2012 (1)：33-35.

[27] 陈小虎. 应用型人才培养模式及其定位研究 [J]. 中国大学教学，2004，5：58-59.

[28] 徐理勤. 应用型本科人才培养模式及其运行条件探讨 [J]. 高教探索，2007，3：57-59.

[29] 霍振霞. 我国应用型本科人才培养模式研究 [D]. 郑州：河南大学，2012.

[30] 顾永安. 新建地方本科院校的转型发展 [M]. 北京：中国社会科学出版社，2012：187-189.

[31] 张其敏，王光明. 本科技能型人才培养质量监控体系建设的探索 [J]. 大学（研究版），2014，7：76-80.

[32] 林江鹏，张倩. "产教融合、校企合作"协同创新人才培养模式运行机制研究 [J]. 湖北经济学院学报（人文社会科学版），2018，15 (9)：142-144，147.

[33] 刘建平，宋霞，杨植，等. "产教融合、校企合作"共建高校实践教学体系 [J]. 实验室研究与探索，2019，38 (4)：230-232，245.

[34] 唐宇，于娟，王兵，等. 地方高校转型背景下"产教融合、校企合作"人才培养模式的探索与实践 [J]. 大学教育，2020 (6)：160-163.

[35] 吴中江，黄成亮. 应用型人才内涵及应用型本科人才培养 [J]. 高等工程教育研究，2014 (2)：66-70.

[36] 陈永斌. 地方本科院校转型发展之困境与策略 [J]. 中国高教研究，2014 (11)：38-42.

第二章 应用型人才培养的概念、理论与实践

第一节 相关概念的界定

一、地方应用型高校

（一）地方本科院校

根据行政从属关系划分，我国普通高等院校可以分为部属院校和地方本科院校两类。部属院校是由中央部委直接管理、具有相当实力的高校；地方本科院校是除部属院校以外的，隶属省（自治区、直辖市），但由地方政府负责管理的普通高等学校的总称，是地方所属高等学校。按照创办时间，地方本科院校可以分为三种类型：一是建校较早的老牌本科院校，二是 20 世纪 90 年代后由国家各部委通过转制、调整到地方管理的本科院校，三是地方专科升格或合并之后新建成立的本科院校。本书所指的地方本科院校是指除部属院校以外，由地方政府管理，承担为地方经济发展培养应用型人才、提供社会服务的普通高等院校。

（二）应用型高校

应用型高校也被称为应用型大学，是以新建本科院校为主发展而来的高等教育的重要类型。与传统教学型、研究型大学以及高职院校不同，它既继承了传统本科院校的基本底色，坚守人才培养的本科标准和规范，又吸收和应用了高职院校的突出亮色，革新于人才培养的市场逻辑和需求。

"十三五"期间，国家积极推动具备条件的普通本科高校向应用型转变，引导应用型高校从治理结构、专业体系、课程内容、教学方式、师资结构等方面进行全方位、系统性的改革，出台了引导部分地方普通本科高校向应用型转

变的指导意见，明确提出了本科高校转型发展的主要任务、配套政策和推进机制。

地方高校应"扎根地方"，紧密结合地方经济、文化等特点，将办学理念、定位真正植入地方，在区域经济建设、文化发展、人才培养、科技成果发挥重要作用。基于区域需求，利用区域资源，围绕专业设置、人才培养、科研、学科建设、社会服务等方面，设置应用型专业和课程体系，围绕区域和产业发展进行应用研究，为企业行业发展出谋划策。

二、应用型人才

（一）应用型人才的概念

学术界关于应用型人才的概念一般认为是运用所学的专业知识和技能从事社会生产实践尤其是一线生产的技术技能型人才。联合国教科文组织在颁布的《国际教育标准分类》中，将高校培养的人才分为学术型、应用型和工程型三大类。与国际分类方法稍微不同，我国通常是将其分为学术型、技能型、应用型。学术型人才偏重于理论研究，要求具有扎实深厚的理论知识，着重强调科研能力和创新能力，能够在科学研究中提出原创性观点、进行原创性技术革新的人才；技能型人才主要是围绕工作岗位，熟练掌握工作流程、技术，能够直接从事生产一线工作的人才；应用型人才介于两者之间，一方面需要具备系统和完整的学科理论知识，另一方面需要具有一定的科技开发能力。

（二）应用型人才的分类

应用型人才是符合社会经济发展需要、结合市场的实际，具有扎实基础和熟练实践技能、能够将理论与实践融会贯通、紧密结合的高素质复合型人才。应用型人才对于知识的实效性更加关注，并会在不断地创新中结合实际灵活运用，在科学技术飞速发展的今天具有更强的竞争力。根据应用型人才在生产实践中的作用，可以把应用型人才划分为技能型人才、技术型人才和工程型人才。技能型人才是指注重实践能力，具有精湛的技术操作技能，在生产第一线可以把设计蓝图等书面的理论变为真实产品的人才；技术型人才是指从事生产第一线，但并非操作者，具有丰富的实践经验、知识管理能力，负责组织管理生产、服务等实践活动的人才；工程型人才是指把理论知识转变成工程原理和工作原理，通过加工成为设计与计划，从而用于工程实践的人才。

（三）应用型人才的特征

应用型人才能够把科学技术全面地应用在生产实践中。一方面，应用型人才是推动产业升级与发展的内部动力；另一方面，产业的升级与发展离不开应用型人才。应用型人才能够把科学技术全面应用在生产实践中，从而将科技成果转化为现实生产力，并能不断地发挥自己的创新能力。应用型人才是社会建设的中坚力量。应用型人才具备如下三个特征：一是具有扎实的基础知识与人文社科素养，能够把知识应用于生产实践。实践表明，人才的基础知识与视野呈正相关、应用型人才不仅要具备应用能力，还必须拥有较强的创新能力。知识是一个人获得创新能力的先决条件，掌握的知识越多，创新水平就越高。二是具有把知识转化为能够解决生产实际问题的能力。一方面，应用型人才必须要掌握有关的操作实践技能，这样才能基于技术与规范进一步习得某种职业岗位技能、技艺；另一方面，应用型人才要熟练掌握必需的理论知识。三是具有创新意识，掌握充足的理论知识，具备一定的科技研发与创新能力。应用型人才不但要有独立观察、思考问题的能力，还要拥有独立的人格与个性，这样才能大胆提出自己的想法与构思，从而敢于挑战、乐于创新。

第二节　应用型人才培养的理论

一、高等教育大众化理论

美国社会学家马丁·特罗在《美国高等教育民主化》一书中提出了著名的高等教育大众化理论。以高等教育毛入学率为指标，将高等教育发展阶段划分为精英化、大众化、普及化三个阶段。他指出，当高等教育的毛入学率低于15%时，这个时期处于精英化教育阶段；当毛入学率高于15%且低于50%时，这个时期处于高等教育的大众化发展阶段；当毛入学率达到并超过50%时，高等教育则进入了普及化阶段。质的提升则包括高等教育功能的增强、教育理念的更新、教学管理的提升和教育与社会关系的多元化等方面。截至2020年，全国共有普通高校2 738所，高等教育毛入学率为54.4%。这意味着，我国的高等教育已经提前踏进普及化阶段，接受高等教育的人口正在迅速增长。地方本科院校作为应用型人才培养的重要组成部分，应改变传统教育上重理论轻实践、重研究轻应用的人才培养方式，积极与社会行业企业展开深度交流合作，满足地方经济对高素质应用型人才的需求。

二、教育服务社会理论

美国实用主义哲学大师、现代教育理论代表人物杜威认为，教育是无目的的，教育的目的在于它本身、在于教育的过程之中，教育就是儿童生长生活的过程。他提出了"教育即生活""学校即社会"的观点。除此之外,杜威认为,教育的本质就是学生"生活、生长、经验持续不断的改造",教育的最终目标就是通过学生个体不断发展促进社会的全面进步,教育具有社会化的功能。受杜威思想的影响,美国教育界普遍认为高校除了人才培养、科学研究两大传统功能之外,还应该走出"象牙塔",走进社会,服务社会,实现高等教育多种多样的社会属性。由此而来的威斯康星理念到大学职能的第三次突破,充分说明了高校服务社会的应有之义。地方本科院校作为地方人才培养的主体,各项职能本身就表现出明显的"地域性"和"适需性"。立足地方,服务地方,通过不断调整人才培养目标和专业课程结构,从而实现高等教育服务社会的重要职能。

三、产教融合教育理论

2017 年 12 月,国务院办公厅发布了《国务院办公厅关于深化产教融合的若干意见》。该文件提出,深化产教融合,促进教育链、人才链与产业链和创新链有机衔接,是推进人力资源供给侧改革的迫切要求,对全面提高教育质量、扩大就业创业、推进经济转型升级、培育经济发展新动能具有重要意义。

产教融合是指教育与生产深度融合,是吸收高校、企业、科研机构等作为参与主体,充分利用各自在人才培养方面的优势教育资源,将教学过程、生产工作、科学研发融为一体,旨在通过与行业企业的合作,培养高素质、高技能应用型人才。1903 年,英国桑德兰技术学院所实施的"三明治教育"可以看成产、学、研合作教育的开端。该教育模式突破了学校围墙的限制,将部分课程内容搬进了企业,创新性增加了实习教学内容,专门用来进行学生实践能力的培育。这种教育模式打破了学校作为人才培养单一主体的局限性,把社会、企业的资金、人力、设备、技术资源吸纳到人才培养过程中,形成了多元主体共同参与的人才培养模式。这种模式符合应用型人才培养的规律,在加强理论教学的同时更加侧重学生实践能力、工作技能的提高,又有效解决了校企合作的难题,满足了企业和学生的双方需求,也为学生毕业后快速融入社会打下了基础。

对应用型人才培养进行分析后发现,涉及许多理念与理论的问题。应用型人才是指能够将自身所获得的专业理论知识和专业技能应用于工程实践,并能够通过不断的学习去解决所从事工作领域的实际问题,具备创新创业能力、实践能力、解决复杂工程问题的能力的人。

四、OBE 理念

OBE（Outcome-based Education，OBE）理念又称为成果导向教育理念，发端于美国，是 20 世纪以来对世界高等教育改革影响极为广泛的主流思想之一。美国学者 Spady W.D. 根据长期的教学实践，把 OBE 定义为：清晰地聚焦培养目标，系统地整合教育资源，有组织地实施教学过程，使之促进学生取得未来工作所需要的实质性学习成果。澳洲的教育部门认为，OBE 是一种教育过程，是基于实现学生学习的特定的产出。因此，它又被冠以"成果导向教育"或"结果导向教育"。Schachterle L 在综合前人研究的基础上，比较详细地介绍了 OBE 的基本思想与实施原则，以及如何按照成果导向的理念确定培养目标和毕业要求、重构培养方案，如何按照以学生为中心改革课堂教学，持续改进理念选择持续改进模式、实施持续改进等。OBE 教育理念对高等教育师范类专业人才培养以及课程改革具有一定的启发意义。近些年来，国内学者对 OBE 理念及模式的研究呈井喷之势，不少学者就 OBE 理念的内涵、理论基础以及 OBE 工程教育模式的实践架构、实施路径、培养体系、评价标准等进行了研究，为建设有弹性、高水平和可持续的 OBE 工程教育模式提供了借鉴。

OBE 理念之所以能够在世界范围内得到广泛运用，在于它打破了传统人才培养模式的惯性思维，真正以学生的需求为导向，在宏观层面上紧跟经济社会发展的新形势，在微观层面上根据学生的思想、兴趣、职业规划等内在需求，将与时俱进、与人为本视为人才培养的两个重要指导思想。因此，OBE 理念不仅关注学生端的诉求与反馈，而且重视当前时代及未来经济对人才的新需求，为应用型人才培养提供了一个新的价值引领和参照视角。在 OBE 教学理念的视角下，根据高校人才培养的目标和内涵，提出高等教育核心能力、知识结构的优化和课程体系的重构，从供给侧入手，形成重视学生端的制度供给，以及持续改进的人才培养机制，提高学校人才培养对社会变化的应变能力。

在 OBE 教育系统中，教育者必须做到提前预判，即对学生毕业时应达到的能力和水平有较为明确的预期，在此前提下，反向设计并重组教育要素，以此来保证学生达到这些预期目标。以学生产出作为教学资源及过程要素配置重构的动力，而非学科传统知识体系及经验的重复性同构，这显然颠覆了传统的人才培养观念。因此，从这个意义上说，OBE 教育理念本身就是教育范式的革新，强调为社会经济和学习者的发展服务。综上所述，OBE 理念是指要关注于学生，以学生毕业时必须拥有的学习成果为导向，反向设计培养目标、课程体系，开展教学活动，并根据评价持续改进的教育理念。

五、产教融合 校企协同

德国的赫尔曼·哈肯（Hermann Haken）认为，协同是在某一系统中，其所属部分的互相配合、协作。协同在本质上就是打破资源之间的壁垒和边界，使各类资源为共同目标而进行协调运作，通过对各种资源最大化的开发、利用和增值以充分达成一致的目标。根据校企双方内在需求，以培养学生的专业知识、综合素质和职业能力为目标，发挥地方本科院校和企业各自的资源等方面的优势，将校内理论教学和校外实践操作互相配合，达成资源的互通有无和互利共赢。

《国务院办公厅关于深化产教融合的若干意见》中提出，要将教育优先、人才先行融入国家各项政策，同步规划产教融合与经济社会发展，着力推进产教融合人才培养模式改革。在应用型教育方面，坚持校企合作、工学结合，大力开展"校企联合、工学一体"的教育；深化办学体制改革，在技术性、实践性较强的专业全面推行现代学徒制和企业新型学徒制；积极推进学校和企业联盟，学校与行业联合、学校同园区联结，实施"校企合作"产教协同育人。可以说，"产教融合，校企协同"既是培养应用型人才的核心理念，也是国家教育改革和人才资源开发的基本制度安排。

六、"大应用观"理念

"大应用观"是指围绕知识、能力、素质等维度，强调人才培养应以学科知识体系为基础，熟练的专业技能为表现形式，良好的科学精神、人文素养为内隐，是一种理论与实践相融通、具有创新创造能力的应用。涂宝军等学者比较系统地解释和论证了"大应用观"的哲学意蕴、逻辑起点和实现路径。这一新理念、新范式成为越来越多的应用型本科院校的共识与自觉，成为指导引领建设一流应用型本科人才的理论基础。

顾永安教授认为，应用型高校的人才培养需要理论创新，这就是要扎根中国大地办特色大学，树立"大应用观"。在方法论上，"大应用观"强调回归教育本源，社会性是教育的本质属性，既要培养"个性我"，也要培养"社会我"，两者之间相互统一，不能分割。"大应用观"正视教育个体功能和社会功能，反对人才培养中"人"与"社会"的对立，反对人才片面发展，强调由培养拓展能力欠缺的"知识人"或"技术人"向培养全面协调发展的"社会人"转变；在价值论上，"大应用观"强调教育应该符合教育目标的设定，遵循人才成长的不同生态和身心发展规律；在认识论上，"大应用观"强调思想认识和行动实践的统一，内隐知识和外显知识的呼应，注重学生系统学习与无意识学习、潜在学习的有机结合；在实践论上，"大应用观"彰显作用与反作用的哲学理念，体现了动态与静态、内容与形式、作用与反作用等矛盾的辩证统一。

第三节　应用型人才培养的实践

目前，关于地方高校应用型人才培养的理论研究不够，应用型人才培养的实践还不足，具体表现为协同育人机制还不够健全，教育链、产业链、创新链"三链融合"深度不够。如专业设置未能完全适应新兴产业和新经济的发展，校企合作、产教融合还未深入课程建设层面，合作形式单一，资源共享度不高，学科专业融合发展机制还未形成等，在具体工作中应从以下六个方面着手。

一、从"教师中心"到"学生中心"

当前，地方高校的教学管理机制普遍存在以下两个突出问题：一是未重视学生权利在教学管理权责重构中的主体地位，教学管理体系的建设缺少学生的自主参与、主动参与，教学管理仍旧以行政本位、教师中心为主导；二是未建立起产、学、研深度融合的教学管理合作机制，政府、行业和企业缺乏参与的积极性，对高校教学管理的参与度低，从而导致地方高校的教学管理机制无法体现应用型人才培养的目标和要求。

（一）基于行业标准的课程开发

地方高校与行业、企业的合作要延伸到课程层面，企业深度参与课程体系构建和实施过程，要转变课程观，课程不再是教师能教什么，或者教会学生"知道什么"，而是培养学生"能做什么"，课程目标是培养学生的就业能力，即知识转化及应用能力、问题解决能力和岗位胜任能力。

第一，建立行业、企业参与制订人才培养方案机制。吸纳行业专家进入学术委员会和教学指导委员会，建立学术共同体，共同开展人才培养方案制订、课程体系构建、教学大纲修订、教材编写等，优化培养规格、培养目标、毕业要求和课程设置，制订行业标准、职业资格和岗位素质要求三位一体的人才培养方案，构建对接行业最新标准和要求的课程体系。

第二，建立企业参与课程设置的机制。按照与学校有就业合作关系的知名企业或行业协会的需求来设置课程，并由企业或行业协会制定课程标准，安排课程内容，学生在毕业获得学位的同时，可以直接被行业协会确认具备规定的专业资格，从而保证学生有顺畅的就业渠道。

第三，建立企业参与课程实施机制。企业参与课程设计和教学指导。如企业提供真实的研发项目，并与高校共同组织学生开展项目研究，参与实习指导，使学生提前熟悉企业实际工作流程和环境，缩短从课桌到岗位的"距离"。英国大学的企业认证课程制度就非常值得我们借鉴，一个专业的核心课程可获得多家企业的认证，学校会在学生指导手册中列举合作企业及其合作方式，以方便学生按照自己的职业发展规划自主选择合适的企业课程模块。

（二）学生企业参与的教学管理

第一，建立"企业参与、学生中心"的教学指导机制。地方高校应尊重学生教学主体地位，把人的发展作为制度建设的终极价值目标，赋予学生参与管理的权利，尤其是赋予学生在教学改革中表达声音的权利，使教学改革真正反映学生所需。此外，成立有行业企业专家参与的校院两级教学指导委员会，要以"学生中心、校企联合、突出应用"理念为导向，鼓励教师与行业企业共同设计教学内容，强调每一门课程的教学目标、教学内容、教学方法、课程考核等要素与应用型人才培养目标、毕业要求、课程结构之间有支撑关系，强调教学内容要体现行业岗位需求、要体现专业领域最新科技创新成果、要体现知识迁移和应用。

第二，建立"企业主导、注重过程"的实践教学管理机制。实践教学要施行校内、校外双导师制，与企业合作共建"产、学、研、教、创一体化"集约型实习实训基地，强化实习管理，以合作企业为主开展实习指导、过程管理和考评工作，开展多种形式的考评方式，如实习报告、实习答辩和实践项目等，将实习生的实习表现、工作态度、专业实践能力、团队合作能力和社会责任意识等全部纳入考评内容进行全面评价。制定毕业论文（设计）工作管理办法，鼓励毕业论文（设计）题目选自生产实践，鼓励毕业论文（设计）与实习实训、学生创新实践、社会实践等紧密结合，规范和强化校外导师的毕业论文（设计）指导与评价工作，促使学生能够通过实际问题研究完成毕业论文（设计），真正达到提升学习和工作能力的目的，而不是唯论文而写论文。

二、从"知识为本"到"能力为本"

人才培养质量评价对于高校办学有重要的导向作用，是达成办学目标的风向标和指挥棒。2020年10月，中共中央、国务院印发了《深化新时代教育评价改革总体方案》，明确提出要树立科学成才观念，坚持以德为先、能力为重，全面发展。要改进结果评价，强化过程评价，健全综合评价。这应该是地方高校努力追求的应用型人才全面发展的人才培养质量评价观。

应积极探索应用型人才成长和教育规律，建立特色化、发展性应用型人才培养质量观，与地方行业、企业紧密合作，全面建立适应应用型人才培养要求的评价体系。应该更加关注学生的全面发展、关注综合实践创新能力的培养，而不是单纯地只对知识掌握量进行考核，要将过程评价和结果评价相结合、知识水平评价和创新能力评价相统一，建立以知识、能力与素养为核心的多元化评价体系。

（一）树立科学成才观念

地方高校要关注学生诉求，改革学生评价方法。把德行作为人才培养的首位，把能力作为人才培养的核心，把全面发展作为人才培养标准。重视过程性评价以及形成性评价的独特价值，合理运用结果性评价完善综合素质评价体系。

（二）实施多元化评价

第一，评价指标多元化。对于应用型人才培养质量的评价，社会和用人单位评价相对来讲更重要、更客观。因此，《国家中长期教育改革和发展规划纲要（2010—2020）》明确提出，要开展由政府、学校、社会各方面共同参与的教育质量评价活动。因此，地方高校要把社会满意度、就业状况、就业质量均纳入人才培养质量的评价指标，要持续关注社会对毕业生质量的认可程度。

第二，评价主体多元化。除学校自身作为评价主体外，社会评价的主体还包括政府、行业协会、用人单位、第三方机构、毕业生家长以及毕业生本人，因此，地方高校必须吸纳其进入应用型人才培养质量评价体系，鼓励政府管理部门、行业专家、用人单位、校内实践教师等参与，采取相应措施拓宽评价渠道。

第三，评价方式多元化。要实行多方参与、形式多样的综合评价模式，倡导以应用能力为主的评价导向，提高专业应用、实践能力和创新能力内容的评价比重，鼓励调研考核、设计考核、创新实践成果考核、企业评定、证书置换、口试答辩等形式的评价办法。

三、从"结果导向"到"过程导向"

人才培养质量监控是一项系统工程，其体系构建应涵盖人才培养全过程。在人才培养质量监控体系中，对人才培养结果即毕业生质量的监控固然重要，但更为关键的是对人才培养过程即学校教学工作及其保障体系的监控与持续改进。因此，地方高校人才培养质量监控机制的构建要遵循"能力首位、过程导向、多方联动"的理念，对应用型人才培养的全过程全方位进行监控。

（一）建立应用型人才培养质量标准

科学完善的人才培养质量标准是实现人才培养目标的保障、是形成人才培养评估监测机制的基础环节，因此针对地方高校培养标准缺失、评价主体单一的问题，必须要树立人才培养质量标准意识，重新审视人才培养质量保障体系建设。

2018 年，《普通高等学校本科专业类教学质量国家标准》（以下简称《标准》）出版发布，对各类专业在培养目标、培养规格、课程体系、教学条件、质量保障等方面提出了相应的要求和建议，同时鼓励行业部门（协会）、高等学校依据《标准》制定专业人才培养标准，促进人才培养高质量多样化。因此，各地方高校应该在遵循专业类教学质量国家标准的基础上，根据自身办学定位和人才培养目标，联合行业（协会）和企业，构建具有自身特色的应用型人才培养"院校标准"体系，从而使学校的人才培养质量监控工作有据可依。

制定应用型人才培养的"院校标准"，一是要充分考虑社会与行业对人才知识、能力和素质的要求，将学生满意率、用人单位满意率、社会声望作为主要评估指标，做到人才培养规格与经济社会发展需求相一致；二是要充分关注质量标准在人才培养全过程各环节的落实情况，从人才培养方案到课堂教学、从教学大纲到教学评价、从理论教学到实践教学、从师资队伍到教学条件建设等，都要制定系统、清晰、明确的质量标准。

（二）实施应用型人才培养质量监控

第一，学校要成立专门机构，全面负责人才培养质量监控工作，在组织机制上为学校教学工作的持续改进和人才培养质量的持续提升提供有力保障。

第二，要在校内建立校院两级教学质量过程性监控机制。建立健全教学督导制度、教师听课评课制度、教学信息员制度、教学检查制度、学生评教制度等，从而完善教学质量评价和监控信息的收集、分析和反馈机制，形成管理人员、教师、学生等全员参与的教学质量监控闭环。

第三，要在校外建立多方联动的毕业生质量监控机制。建立健全毕业生跟踪调查制度、行业企业评价制度，从而完善毕业生质量监控信息收集、分析和反馈机制，与校内教学质量监控体系有机衔接，形成以行业和社会评价为主导的毕业生质量监控闭环。

综上所述，应用型人才培养质量监控必须围绕应用型人才培养目标，立足专业人才培养标准，通过校内、校外多方联动和全程监控，构建一个"质量标准—监控实施—信息集成—综合分析—调控整改—检查落实—持续改进"的封闭的人才培养质量监控机制，从而为教学质量的不断提高提供保证，实现应用型人才培养质量的持续提升。

四、从"学历优先"到"经历优先"

师资队伍的整体水平是人才培养质量的决定性因素，也是促进教育教学改革、全面提升教育教学质量的支撑点。在新的时代背景下，社会对于创新型、应用型人才的需求和要求更加强烈，这就迫使地方高校在师资队伍建设方面更加注重能力的培养。如果说学生的创新、应用能力培养离不开工程实践环境的话，那么教师的行业背景和技术创新能力就是学生创新能力培养的先决条件。因此，要想保证创新教育教学改革扎实有效地开展，就必须立足长远，有计划、有步骤地针对学校的实际情况，不断优化师资结构，采取各种切实有效的途径与方法，加强"双师型"教师队伍建设，提升教师的工程实践能力和科技创新能力。

（一）建立"双师型"教师制度

第一，制定"双师型"教师认定标准。目前，我国还没有制定统一的"双师型"教师认定标准，这就需要各地方应用型高校要根据地区经济发展及学校发展需求，与行业、企业共同积极探索制定科学、清晰的"双师型"教师校本认定标准，对"双师型"教师的行业背景经历有一个清晰的界定，要注重其实际工作经历和工作能力，而不能仅以"证书"作为认定标准。

第二，建立"双师型"教师选聘制度。要制定合理、规范的"双师型"教师选拔工作程序，要吸纳行业、企业全程参与"双师型"教师的选拔认定过程，本着公开、公正、公平的原则，定期开展"双师型"教师选拔工作，从而构建起完善的"双师型"教师选拔、任用机制。

（二）培养"双师型"教师

地方高校要建立校企协同教师发展机制。地方高校的人才和技术优势能够有效推动区域产业转型升级，同时区域产业发展为地方高校的内涵式发展提供有力支撑，这是校企之间得以协同发展的内在逻辑。因此，地方高校要积极谋求地方政府和企业合作，三方共同搭建教师发展平台，拓宽教师发展路径，打造"城校共生"共同体，为"双师型"教师队伍建设创造有利条件。

第一，要设立专门的"双师型"教师培训组织机构，组建校内外结合的培训师资队伍，采用丰富多彩的培训方式，统筹规划和组织教师行业实践能力培训。

第二，要精心规划和安排"双师型"教师培训的内容和方式，要促使企业为教师提供充实的企业工作项目，要把教师的企业工作培训与其教育教学工作有机结合。

（三）建立教师校企双向流动机制

一方面，地方高校要联合企业制定相关制度，建立外在督促机制，健全专业教师定期到企业挂职锻炼的管理和评价制度，将专任教师到企业挂职的工作时长和工作业绩纳入教师业绩考核范围，并结合荣誉激励和人文关怀，建立内在鞭策机制，对挂职期间在产、学、研合作方面有突出成果的教师给予资金、物质和荣誉奖励；另一方面，要广泛聘请企业专家进校任教，要建立科学、柔性的兼职教师聘任及管理制度，完善高层次"双师型"教师引进办法，人才引进观念要由"学历优先"转向"能力优先"，对企业知名专家和大师名匠要开辟绿色通道，给予优厚待遇，使其成为地方高校"双师型"教师领军人才，从而带动学校专业教师队伍整体水平的提高。

（四）建立"双师型"教师管理和激励机制

第一，建立以业绩和能力为导向的目标管理机制。明确"双师型"教师的育人职责和工作任务，注重对"双师型"教师的教学工作进行过程管理。

第二，建立工作激励机制。对"双师型"教师的教学工作要有比普通教师相对较高的津贴补助，并在职称评定、薪资待遇、评先表优等方面基于一定程度的政策倾斜，以此调动"双师型"教师的工作积极性。

第三，建立业绩考核评估机制。制定"双师型"教师工作业绩考核标准，定期对其工作业绩进行考核，实现多劳多得、优绩优酬，充分发挥考核评估对于教师发展的督促作用。

第四，建立弹性化准入和退出机制，对"双师型"教师队伍进行动态化管理，对工作业绩考核不合格的教师，取消其一切"双师"待遇。只有这样，才能真正激发"双师型"教师队伍的工作活力。

五、从"成果为王"到"应用为王"

（一）实施校企联动育人

第一，以"人才共育、过程共管、成果共享、责任共担"为理念，建立专业共建、教师企业实践、顶岗实习管理、实习责任保险等校企合作制度体系。坚持以跨界融合为导向，改变人才培养中"单路突进"的模式，建立校企协同育人长效机制。

通过疏通企业参与育人渠道，激发企业参与育人的动力，推动校企共同修订人才培养方案、共议课程标准，共享师资队伍、共建产教融合实习实训基地，真正把教学工作和市场研发工作结合起来，实现人才培养和社会服务同频共振。

第二，建立校企常态沟通机制，通过吸收企业行业专家入驻教学指导委员会、专业建设委员会等方式，实时跟踪职业岗位新的技术、技能要求，要与产业间建立密切、高效的互动机制，使市场需求能及时传递到学校的课程层面，从而使学科专业设置灵活地适应市场需求。在地方政府方面，要制定政策鼓励企业积极参与高校专业建设，主动提供人员、技术、设备等支持，实现专业群与产业协同发展。

（二）学科专业统筹发展

第一，建立学科群和专业群的统筹发展机制。通过专业调整、资源调配等举措，形成学科与专业一体化协同发展的体制与机制，以扎实深厚的学科群引领专业群可持续发展。

第二，建立专业群内专业以及与其他专业的统筹发展机制。专业群建设要以核心专业建设为重点，发挥核心专业示范引领作用，通过课程共享、学分互换、模块化课程建设等制度，带动群内各专业融通协调发展，在专业教育中践行通识教育理念。同时，通过重点专业群建设，以点带面，带动专业建设水平整体提高。

第三，采用新的管理方法（如矩阵式管理、大部制、委员会制、理事会制、行业学院等），克服条块分割，以实现人、财、物的统筹为手段，进行校外、校内、专业群内的资源整合及共享，提高工作效率和集群效应。

六、从"学为核心"到"发展核心"

（一）激励学生卓越成长

第一，以"专业"为中心，建立新生教育机制。引导学生认识并理解学校的办学定位、办学理念和应用型人才培养目标，使学生从入校开始就对自己的大学学习有一个清醒的认识和清晰的规划。通过学业规划，引导学生明确"专业是什么、专业学什么、专业怎么学"，帮助学生深入解读人才培养方案、梳理专业课程，引导学生"明明白白上大学，清清楚楚读专业"。

第二，以"发展"为目标，搭建全面发展平台。建立大学生服务中心、大学生活动中心、心理咨询中心、就业指导中心、创新创业中心等平台，开展科技创新、学科竞赛、技能比赛等活动，为学生多样化成才、个性化发展建构多维空间。

（二）引导学生做好职业生涯规划

可以在不同年级阶段开展阶梯式职业生涯教育。如在大一年级开设职业生涯规划课程，或开展暑期职业访谈等活动，引导学生对职业发展进行宏观了解；在大二年级组织学生开展职业生涯规划大赛等活动，以拓宽学生的职业视野；在大三年级教育引导学生结合实习经历，开展团体辅导、模拟招聘、就业系列讲座等活动，使学生深入了解职业岗位的要求；在大四年级开展个体咨询、就业岗位精准推送等活动，有针对性地增强学生的职业规划意识和能力。

参考文献：

［1］教育部发展规划司.支持应用型本科高校发展有关工作情况［EB/OL］.（2019－02－19）［2021－12－20］. http://www.moe.gov.cn/fbh/live/2019/50294/sfcl/201902/t20190219_370019.html.

［2］李水弟.应用性本科人才培养模式的认识与思考［J］.南昌工程学院学报，2009，28（2）：5-8，11.

［3］发展规划司.2020 年全国教育事业统计主要结果［EB/OL］.（2021－03－01）［2021－12－20］. http://www.moe.gov.cn/jyb_xwfb/gzdt_gzdt/s5987/202103/t20210301_516062.html？ivk_sa＝1024320u.

［4］约翰·杜威.民主主义与教育［M］.魏莉，译.北京：人民教育出版社，2001：59.

［5］李晓林.地方本科院校应用型人才培养研究［D］.武汉：长江大学，2017.

［6］国务院办公厅关于深化产教融合的若干意见［EB/OL］.（2017－12－19）［2021－12－22］. http://www.gov.cn/zhengce/content/2017－12/19/content_5248564.htm.

［7］SPADY W D. Outcomes－based education：critical issues and answers［J］. 1994，10：12-36.

［8］吴秋凤，李洪侠，沈杨.基于 OBE 视角的高等工程类专业教学改革研究［J］.教育探索，2016，5：97-100.

［9］SCHACHTERLE L. Outcomes assessment and accreditation in US engineering formation［J］. European Journal of Engineering Education，1999，24（2）：121-131.

［10］申天恩.基于成果导向教育理念的人才培养方案设计［J］.高等理科教育，2016，6：38-43.

［11］顾佩华，胡文友，林鹏，等. 基于"学习产出"（OBE）的工程教育模式：汕头大学的实践与探索［J］. 高等工程教育研究，2014，1：27-36.

［12］易启明. 对职业院校校企协同创新内涵的探讨［J］. 考试周刊，2015，（57）：165-166.

［13］张欣欣，赵立民，欧阳河. 我国职业教育校企合作长效机制创新路径［J］. 职业技术教育，2015，36（34）：8-13.

［14］黄珊. OBE 理念下地方本科院校校企协同应用型人才培养研究［D］. 大庆：东北石油大学，2020.

［15］涂宝军，张新科，丁三青. 大应用观与应用型人才培养：哲学意蕴、逻辑起点与实现路径［J］. 职业技术教育，2019（13）：24-28.

［16］朱为鸿，丁佳."三链融合"的应用型高校"新工科"人才培养机制［J］. 成都师范学院学报，2021（4）：13-21.

［17］徐同文，陈艳. 英国大学应用型人才培养机制探析及启示［J］. 高等工程教育研究，2013（4）：111-115.

［18］教育部高等学校教学指导委员会. 普通高等学校本科专业类教学质量国家标准（上、下）［M］. 北京：高等教育出版社，2018.

［19］皮建辉，刘卫今，杨丹. 应用型人才培养为导向的教学质量监控原则与实施策略初探［J］. 应用高等教育研究，2017（3）：55-57.

［20］彭红科，彭虹斌. 面向教育现代化 2035 职业院校"双师型"教师队伍建设机制与路径［J］. 成人教育，2020（2）：58-64.

第三章 地方高校向应用型的转变
与发展定位

地方高校是指中央部属高校以外，由地方人民政府（省、自治区、直辖市）举办并负责管理，为地方（行业）培养人才、提供服务的普通本科院校。教育部统计数据显示，截至 2020 年 6 月 30 日，全国普通高等学校已经达到 2 740 所，其中普通本科院校 1 272 所（含中央部属高校 116 所）。由此可见，目前我国地方本科院校共 1 156 所，在全国普通本科院校中的占比达到 90.88%。因此，地方高校在我国高等教育布局中占据极其重要的主体地位，是人才培养的主力军，是国家人才强国战略实施的主要推动和支撑力量。地方高校的建设和发展决定着我国高等教育的整体发展趋势，甚至决定着国家现代化建设的进程。

第一节 地方高校转型发展的内涵

一、地方高校向应用型转变

（一）转型发展的缘起

长期以来，地方高校的人才培养成效饱受诟病。一是在人才培养目标定位上，始终以传统本科等学术性高校作为模范对象，盲目攀高，缺乏对自身及周边区域经济的合理分析，人才培养竞争力缺乏，人才培养优势及特色欠缺。二是发展思路不明。在学术与市场之间摇摆不定，既想沿着研究型大学的老路进行规模扩充、合并升格，按照学院—大学—研究生学位授权的模式"一路高歌"，又想在地方经济中"大展身手"，因此对于什么样的办学思路缺乏科学共识，在人才培养上没有形成稳定的人才培养体系。但是，从地方高校的规模来看，它不仅占据了我国本科院校的半壁江山，也是本科生培养的绝对主力。所以，地方高校的人才培养水平直接影响着我国本科教育的质量以及整个高等教育战略目标的实现。基于这种现实，2015 年 10 月，教育部等三部委正式发布了《教育部 国家发展改革委 财政部关于引导部分地方普通本科高校向应用型转变的指导意见》，从此地方高校转型发展的方向和路径正式拉开了地方高校转型发展的序幕。

引导和推动部分地方高校转型发展，是党中央、国务院基于我国新一轮技术革命和中国经济新形态下全面提高高等教育质量的内部改革趋势做出的重大决策部署，既是我国高等教育结构调整和增强我国高等教育体系竞争力的内在规律要求，也是我国经济结构转型和社会持续发展的重大战略举措；既是我国经济发展对高等教育提出的人才需求，也是建设高等教育强国的需要；既是促进高校与地方共生的必然选择，也是完善我国高等教育体系、构建科学合理的高等教育生态结构的客观需要。这对于缓解我国高等教育结构性矛盾和同质化倾向，调整高等教育生态、人才培养结构和质量的意义重大。

发达国家高等教育的发展证明，应用型高校的快速发展对高等教育的普及化作用明显，奠定了实体经济发展的人力智力基础，对激发经济活力、提高教育公平、稳定国家秩序起着巨大的促进作用。因此，高等教育体制和结构改革，必须聚焦到如何推动人才培养与经济社会发展对人才需求的紧密结合上。直面历史和现实，地方高校要想在本科人才竞争中赢得一筹，必须在困境中实现自我突围和超越、在改革创新中发展。每一所学校都要积极探索独具特色的改革之路，拓展发展空间，实现多路径的突破和多样化的发展。要坚持问题导向、需求导向，明确定位，深化改革，深植地方，抢抓机遇，融入产业，瞄准当地经济转型与升级的新趋势，形成人才培养和技术创新新格局。

（二）转型发展的内容

1. 由盲目攀高向服务地方办学转变

从 21 世纪初开始，为了获得社会声誉、吸引更多更好的生源，地方高校效仿"985 工程""211 工程"等重点院校的办学理念，以学校升格和硕士点、博士点建设为目标，掀起了专科升本科、学院升大学的单纯追求攀高发展的热潮，以至于在"仰望星空"的同时，造成了与地方经济社会发展的脱节，丧失了服务地方经济发展的能力，因而也失去了"脚踏实地"的底气。引导地方高校向应用型转变就是要求地方高校要"扎根大地"办大学，把办学目标落脚到为地方培养应用型人才和为地方经济社会发展服务两个着力点上，走出校门，立足服务地方经济转型升级发展，积极投身于校地合作的协同创新中，主动了解社会经济发展需求，通过科技服务、校企合作联合研发、技术咨询与推广等，履行服务地方的高校职能。

2. 由同质化建设向多元化发展转变

地方高校升格热潮的另一个负面后果是高等教育的同质化发展倾向，尤其是新建本科院校因为本科办学经验不足，纷纷因循效仿传统普通本科院校的办学模式，导致低水平的重复建设和低效率的资源配置，也造成了无地区差异、无校际特色的高等教育发展局面。

2010年，《国家中长期教育改革和发展规划纲要（2010—2020年）》中明确提出"要建立高等教育分类管理体系，扩大应用型、复合型、技能型人才培养规模"的要求。高校的分类发展，其本质含义就是职业院校、应用型高校与普通本科高校、研究型高校之间的差别实质上是办学类型的差别，而不是办学层次上的差别；就是地方应用型高校也可以争创一流，在同类型高校中办出高水平教育，而不是追随研究型高校亦步亦趋；就是地方高校办学特色各异，百花齐放，呈现多样化趋势，而不再是模式化的"千校一面"。因此，地方高校的转型发展对我国高等教育多元化体系的构建具有重要的意义。

3. 由规模扩张向内涵式发展转变

从1998年开始，我国高等教育规模呈高速扩大态势。在此过程中，大部分地方高校为了争取办学经费而盲目扩招所带来的办学资源不足、师资力量匮乏、生均教育资源被稀释、办学质量不升反降的问题日益凸显。2020年，我国高等教育已经进入普及化阶段，地方高校应适度放缓规模扩张的速度，把办学方向转向内涵建设，实现高质量发展。

实际上，早在2012年，党的十八大就已经将"推动高等教育内涵式发展"写入报告，随后教育部《关于全面提高高等教育质量的若干意见》中再次强调："走以质量提升为核心的内涵式发展道路"。党的十九大更加明确要"实现高等教育内涵式发展"。从"推动"到"实现"表述上的转变，说明党和国家对高等教育高质量发展的要求已经从理念上的引导转向实践上的突破。因此，地方高校的转型发展实际上就是向内涵建设转变、向高质量发展转变，由"以量谋大"向"以质图强"转变。

4. 由追求大而全向培育特色转变

当前，我国经济新常态所表现出的需求个性化、多样化，市场竞争转向质量型、差异化等特征，要求地方高校不能再追求大而全的学科专业体系，而是必须以区域经济社会需求为导向，构建与地区产业结构、就业结构、社会结构、文化结构相适应的主干优势学科专业集群，走特色化发展道路，做到异军突起、独树一帜。

地方高校必须坚持特色发展的理念，着力培育学科特色、育人特色、管理特色、文化特色，以特色培育为突破口，提高核心竞争力，实现与研究性高校的错位发展，实现地方高校之间的错位发展，以特色优势形成地方高校独有的育人环境，从而改变我国高等教育的同质化趋势。

地方高校担负着地方人才培养、经济发展和科学研究的重任，加强应用型人才培养研究，不仅有利于地方经济发展，更有利于调整高等教育结构，缓解人才的结构性失业等矛盾。

二、地方高校向高质量目标推进

经过多年的探索，绝大部分地方高校已经基本完成转型发展的初期阶段，正在积极探索高水平应用型高校建设之路。当前，我国高等教育正在步入发展新阶段。高等教育的普及化意味着我国开始从教育大国到教育强国的战略部署的转变。人民群众的教育需求也从"有学上"提升到"上好学"，在实现教育机会均等的前提下更希望实现教育过程的均等，接受优质教育和个性化教育，对多样、特色、优质高等教育的需求日益强烈。党的十九届五中全会公报中提到我国已转向高质量发展阶段，并明确提出了"十四五"期间整个经济社会要以推动高质量发展为主题，"深入实施科教兴国战略、人才强国战略和创新驱动发展战略"和"建设高质量教育体系"的目标任务，为各类高校建设一流本科教育指明了方向。作为高等教育体系中的主要组成部分、建设高等教育强国的主力军，地方高校应正确定位人才培养目标，围绕培养一流应用型人才，树立改造传统本科育人模式的大格局观，摆脱办学面向的束缚，聚焦内涵式发展，深化人才供给侧改革，实现高质量发展，不断为社会主义建设培养高素质创新型、应用型、技能型人才，并不断提升人才培养质量，应是当前地方应用型高校必须深入思考和研究的课题。

地方高校的高质量发展就是对发展目标、办学理念、办学层次、服务对象等方面进行统筹规划、科学设计，在人才培养、科学研究、学科专业建设、社会服务、文化传承与创新等内涵建设方面不断提高水平和层次，以质量的提升使学校走上可持续发展的道路。

国家提出"建设高质量教育体系"的要求，意味着高等教育的内涵正在发生深刻的变化，大学创新对社会的贡献愈发引人期盼，学生实践能力和创新能力的培养得到全社会关注。因此，如果说过去几年高等教育的转型发展和内涵建设是外在要求、政策导向的话，那么，当前和今后的高质量发展就是地方高校的内在追求，是必须明确的目标和任务。转型发展不是一蹴而就的短期行为，而是一个长期、任务艰巨的过程，任重而道远。我们不能认为观念上转型了，经过几年的学科专业改造和教学改革，就是转型成功了。就目前而言，地方高校特别是新建本科院校的整体建设水平还远远达不到国家对应用型创新人才的需求。因此，只有建成了一流的高水平应用型大学，实现了特色鲜明、满足需求的一流应用型本科教育，培养出了一流的应用型人才，才算是真正的转型成功。

如果说高质量发展是我们期盼的目标和结果的话，那么，内涵建设就是实现这个目标的唯一路径，而内涵式发展则要求高校更加关注微观层面的改革。因此，高质量的人才培养、高素质的师资队伍、高水平的学科专业、高融合的社会服务、高效能的内部治理以及稳定而独有的办学特色，是地方高校高质量发展的核心要素。

（一）推进产教融合人才培养机制改革

人才培养是地方高校生存和发展的立身之本。高校的办学水平以及在社会上的声望不仅体现在科技贡献率，更体现在所培养出来的学生在地方经济社会发展中的贡献和成就。因此，地方高校必须将提升人才培养质量作为高质量发展的核心任务，落实立德树人根本任务，突出实践和应用，重视创新和创业能力培养，紧密围绕产业需求，强化实践教学，完善应用型人才培养体系。要创新应用型人才培养机制，核心任务是深化产教融合。要围绕学生的实践能力和创新能力培养，实现教学内容与生产过程对接、毕业要求与职业标准对接、课程设置与行业和产业创新需求对接，建立起校地、校企在课程体系构建、教学内容改革、实践教学指导、学业水平评价等环节、全方位合作的协同育人长效机制。

（二）推进学科专业供给侧改革

建设高水平应用型高校，其本质是需求导向，包括社会需求导向和学生需求导向。中山大学原校长黄达人曾经指出，部分高校片面追求应用型专业的认识是错误的，因为实际上没有什么客观的标准规定哪个专业属于应用型专业，关键是需求导向。因此，地方高校在学科专业建设上要根据地方产业结构、发展趋势等要素，以经济社会发展和学生职业生涯发展需求为导向，构建自主性、灵活性与规范性、稳定性相统一的专业设置管理体系。要完善人才需求预测预警机制，建立健全专业动态调整机制，建立行业和用人单位专家参与的校内专业设置评议制度，形成根据社会需求、学校能力和行业指导依法设置新专业的机制。要注重学科专业的集群式发展，围绕区域经济优势产业发展趋势建设学科群和专业集群，围绕学科专业集群建设探索现代产业学院建设，围绕学科专业集群、产业学院和"四新"建设不断调整优化专业结构。着力培养优势专业、特色专业，促进专业创新发展，从而持续提升人才培养质量。

地方高校要积极推动学科专业一体化发展，使学科和专业互为支撑，相互促进，形成有力的拳头优势。要积极拓宽企业参与学科专业建设和人才培养过程的途径，构建紧密对接产业链、创新链的学科专业体系，达到产业链、创新链、人才培养链"三链融合"，学科群、专业群、产业学院群与新兴产业群"四群互动"，实现学科专业建设与国家和区域产业转型升级无缝对接。

（三）扎实推进协同创新和科技服务

服务地方科技创新，提升高校科技贡献率，是地方高校立足地方办大学，凸显应用型优势的重要途径。要加强校企协同创新平台建设，以此支撑地方高校将企业生产一线实际需求作为科技研究选题的重要来源。深入推进科研评价制度改革，将成果转化、社会贡献和对人才培养的支撑度作为科研评价的重要依据，以创新质量和社会贡献度为导向，以产教融合、科教融合、校企合作为突破口，多方举措促进科研与当地创新要素资源对接，与技术创新需求对接。从地方重大战略上找切入点，积极融入以重大项目攻关、以解决生产生活的实际问题为导向，延伸教师研究的链条和空间，努力成为区域和行业的智力支持与技术支撑，成为惠及地方的科技服务基地、技术创新基地。通过搭建多元协同、融通共享的教学科研平台，整合优质育人资源，加强产业技术技能积累，促进学生创新创业、科研成果转化、应用和创新。与高水平大学、科研院所、高职院校等形成知识联盟，打通知识共享与先进技术推广、应用、扩散路径，广泛开展面向中小微企业的技术服务。

（四）构建行业企业参与的治理体系

在内涵式发展的前提下，自我发展能力的提升成为高校增强发展竞争力的重要前提，因此，如何优化内部治理结构、提高学校治理水平受到越来越多高校的重视。地方高校的内部治理必须凸显地方性、应用性特色，要广泛吸纳地方行业企业参与学校治理，构建党委会、董事会、行业企业、教师、学生等多主体协同参与的治理体系。既可以与行业企业共同组建教育集团，也可以与行业企业、产业集聚区、地方政府共建产业学院，形成人才培养联盟。通过多方合作联盟积极争取地方、行业企业的经费、项目和资源在学校集聚，联合推动学校高质量发展。通过提升治理主体的决策、协同和执行能力，形成党委领导、校长负责、教授治学、行业参与、师生监督的善治结构。要充分发挥地方政府的统筹和引导作用，构建政、产、学、研、教、创一体化良性互动机制。

第二节　地方高校应用型发展的定位

目前，虽然关于人才的分类问题在学术界还未达成共识，但是对于人才培养是大学发展战略的核心这个认识基本一致。人才培养是大学的基本职能、核心职能。教育部《关于"十三五"时期高等学校设置工作的意见》明确指出，应用型高等学校主要从事服务经济社会发展的本科以上层次应用型人才培养，要求各地要推动普通本科学校向应用型转变，将办学定位转到培养应用型和技术技能型人才上来。从而使地方高校更加明确了应用型人才培养定位。从我国应用型本科教育的发展历史来看，一直具有"面向上以行业性为主导，性质上以专业性为主线，类型上以地方本科院校为主体，层次上以教学型为主流，模式上以实践性为主载"等特征。因此，作为我国应用型本科教育主体的地方高校，就是培养适应社会发展多样化需求的应用型人才。这一人才培养定位在当前高等教育界已经基本厘清，没有争议。而在理论和实践两个层面均需要进一步深入研究的，是从每个学校自身的视角出发，厘清应用型人才的培养目标和培养规格。

一、地方高校的办学定位

高校的办学定位是高校办学和发展的逻辑起点，其内涵主要包括应用型高校的办学类型和层次、应用型人才培养的规格和目标定位三个方面。高校的办学定位是指办学者根据社会政治、经济文化发展的需要及学校所处的环境，从办学条件与办学现状出发，确定学校发展的方向、奋斗目标、建设的重点和办学特色。

（一）办学类型和层次定位

高校的办学类型和层次反映了不同高校在整个高等教育系统中的位置。我国高等教育理论界曾经出现很多高等院校分类体系，依据与行政部门的隶属关系分为公办院校和民办院校，依据办学管理归属和经费来源分为部属院校和地方高校（包括省属高校、市属高校），依据学校的学科覆盖面及学科融合程度分为专门型高校和综合型高校，依据学校的知识功能属性分为教学型高校和研究型高校，等等。2010年，《国家中长期教育改革和发展规划纲要（2010—2020年）》提出"要建立高等教育分类管理体系"。2017年，教育部《关于"十三五"时期高等学校设置工作的意见》中明确将我国高等教育分为研究型、应用型和职业技能型三大类型。自此，高等教育领域已经逐步在地方高校的应用型定位上基本达成共识。

在办学层次定位上，当前我国大部分地方高校以本科教育或专科教育为主。教育部前副部长鲁昕曾反复强调，研究型高校、应用型高校、职业院校之间是高等教育的类型差别，而不是层次上的区分。因此，地方高校可以根据自身办学水平和办学主体层次来确定自己的办学层次定位，但同时也要认识到，一是绝大多数高校应该有多种办学层次的学科专业科学合理搭配，构建一个综合性的办学层次结构，而不是单一的只归属到某一个办学层次；二是办学层次定位应是一个动态发展的概念，地方高校应以发展的眼光来看待办学层次定位问题，绝不可将其固化。

国内外高等教育发展历史和经验表明，高校建设并不是办学规模越大、人才培养层次越高、学科专业设置越全越好，科学合理的办学定位与发展战略，应该是在理性分析本校优势和传统的基础上"有所为，有所不为"。比如世界名校美国普林斯顿大学目前只有四个学院，坚决不设医学院，而是集中力量办好现有学科和专业，在美国大学排名中名列前茅。达特茅斯学院曾经有升格发展成研究型大学的机会，但它坚持不改名称，高扬本科教育的旗帜。这些学校的发展理念和办学层次定位思想都值得我们思考和借鉴。

应用型本科院校应在深刻反思过去人才培养定位的基础上，抓住发展机遇，在高等教育发展的格局中找准自己的位置，以服务国家和区域经济的发展为导向，充分挖掘优势，逐步形成稳定的人才培养体系，依托地方，主动对接地方，培养适应区域社会经济发展需求的，具有扎实基础知识、较强实践能力、综合应用能力、有个性、有国际视野、有社会责任感和创新精神的复合型应用型人才。

同时，地方高校在应用型人才培养定位方面，不仅仅要关注当下，面向职场、面向一线，强调学生对现有岗位的适应性，还要注重学生对专业和职业未来发展的适应性、引领性，因此，要面向未来，面向世界。要注重知识、能力、素质的协调发展，要培养学生具有较强解决实际问题的能力以及跨界思维能力，学生的综合能力能适应终身教育和未来社会发展的需要。

（二）高校办学水平与特色

办学水平和特色反映了不同学校的差异化发展，是学校的基础设施、师资力量、学科专业设置和建设水平、管理水平以及学校的历史沿革等各要素在学校人才培养过程及质量上共同产生的综合性效应。其主要体现在学科专业定位、发展特色、人才培养目标和规格定位以及服务区域定位等方面。其中，学科设置的选择是提高学校办学水平的关键，而专业结构的选择则是形成学校办学特色的关键。

办学水平和特色定位是地方高校谋求科学发展、高效发展、内涵式发展的关键性定位。"有为才有位"，水平和特色是相辅相成的，有特色才能有水平，以特色求支持，以特色求生存，以特色求发展。由于办学资源、办学实力的限制，地方高校不可能与部属高校等研究型大学相提并论，在学科专业建设中面面俱到、全面发展。但是，地方高校也有自身的基础和优势，长期以来在学科专业、招生就业、产教融合等方面与地方形成了良好的办学互动方式，这为他们走出一条属于自身优势的本科教育建设之路奠定了深厚的基础。因此，"特色发展才是硬道理"。唯有办出特色，才能真正实现可持续发展。近几年，在国家高等教育分类建设宏观政策的引导下，高校争相升格、规模扩张的"千校一面"现象已经有很大程度的改善，但地方应用型高校同类院校之间的同质化发展的问题并没有得到根本解决，很多高校尤其是综合性大学在彰显特色方面仍觉茫然，找不到自己的特色。

近几年，部分地方高校成功转型的探索经验充分表明，深化校地合作，紧密结合区域经济发展调整学科、专业结构，积极开展应用型科研，进行技术创新、推广与应用，将国内外先进技术转化为现实生产力，着力推动区域经济和社会发展，是地方高校办出水平、办出特色的主要抓手，也是地方高校各创特色，走出同质化竞争困境，实现多样化发展的主要途径。国外高校办学经验也充分证实了这一点，如美国哥伦比亚大学科技成果转化收入在全美大学中名列第一，康奈尔大学以农牧见长，其农业科技推广的应用闻名世界。

因此，地方高校要准确分析自身优势注重发展长项、围绕本校的优势学科专业找准与社会经济发展的结合点，找准错位发展的突破口，努力成为地方科技产业的主力军，成为地方新经济蓬勃发展的重要推动力量，集中力量办好特色学科、特色专业，才能在同类院校中异军突起，在国家建设和发展的历史洪流中站稳脚跟，找到适合自己生存和发展的位置与空间。

综上所述，地方应用型高校在确定办学定位和办学目标时，不可盲目追求"高、大、全"，一是要把握好规模扩张和办学成本的交互临界点，要综合考虑生均收入与生师比、生均教学经费、生均实验仪器设备投入等基本办学条件之间的平衡，找到合适的平衡点来确定学校的目标定位；二是要分析研判本地区高等教育分类发展布局，寻求有利于自身发展的最佳途径，实现可持续发展。

二、应用型人才培养的规格

人才培养规格是在人才培养实践中对人才培养目标的进一步细化和落实。在办学实践中，不同院校可以根据办学实际和不同专业培养目标，制定具体的具备专业特色的人才培养规格。

人才培养目标定位具体可以从知识、素质、能力三个维度进行细化。应用型人才培养必须注重知识、能力和素质三位一体的协调发展。

第一，在知识结构方面，应用型高校不同于学术性高校的以"学科体系为主"，而是以"行业需要为主"，是因为行业尤其是高科技行业的技术更新非常快，而且具有快学科性和综合性。因此，应用型人才培养应该注重知识的实用性、各科交叉的复合性和应用性。也就是说，应用型人才首先是复合型人才，要具有宽广的基础理论知识和扎实的专业理论知识。

第二，在能力结构方面，应用型人才的能力结构包括专业能力、方法能力和社会能力三个方面。专业能力是通过对知识的选择和评判独立解决问题的能力，是应用型人才能够胜任职业要求的核心本领；方法能力是指独立制订解决问题的方案并加以运用的能力，表现为学生获取新知识和新技能的能力；社会能力是指能够以同理心与他人相处的能力，包括语言能力、组织能力、跨文化交际能力等。

第三，在素质结构方面，应用型人才的素质结构包括心理素质、人文素质、思想政治素质和职业素质等。陈丙义教授通过多维标度分析方法，综合美国、德国、中国台湾以及中国内地学者对应用型人才培养目标的研究论述，总结出我国应用型人才的培养规格指标体系应该包括知识、能力、素质三个维度，每个维度下设专业理论知识、实践知识、前沿知识、解决实际问题的能力、语言能力和交际能力、创新实践能力、健康的身体和心理素质、团队精神等12个二级指标。这一研究结果对地方高校明确表述应用型人才培养规格，具有一定的参考价值。

三、应用型人才培养的目标

办学方向和目标定位是指高校在整个社会大系统中的宏观位置的战略选择，是高校核心办学理念和方略的体现。地方高校必须把办学思路真正转到服务地方经济社会发展上来、转到产教融合校企合作上来、转到应用型人才培养上来，其办学方向和目标定位一是要凸显地方性，二是要强化应用型，三是要追求同类一流。

第一，凸显地方性，就是要主动适应地区经济发展需要，将办学理念、办学方向真正融入地方，结合地方重大需求进行学科专业布局，要服务地方经济产业结构调整和转型升级。地方性是地方高校与生俱来的基因，因此，地方高校在办学方向和目标上必须"接地气"，必须牢固树立紧密结合区域经济与社会发展的功能观，确定办学定位时要理清思路，在强调高等教育国际化的同时，更要坚持本土情怀，增强区域意识，以区域经济社会发展所急需的人才培养为中心，将学科专业建立在区域产业链的各个层次，为企业行业出谋划策，利用区域资源，优化区域经济社会资源配置反作用区域经济社会发展。只有这样，地方高校才能扎牢建设的根基、找准发展的落脚点，才能实现上新台阶、达高水平的发展目标。

第二，强化应用型，就是以应用型科研为路径、以应用型人才培养为目标来服务地方经济建设，以应用、特色、品牌为导向加强学科专业建设。事实上，地方性和应用型是地方高校建设过程中密切关联的两个属性，向应用型转型，就必须以服务地方为要义；而要凸显地方性，就必须围绕应用做文章。

第三，追求同类一流，就是要实现高质量发展，建设高水平应用型大学。人才培养质量是体现教育质量的核心要素，因此，地方高校的高质量发展就是要围绕立德树人根本任务，培养能够满足创新型国家建设要求、适应未来社会经济发展需要的一流应用型人才。当前，以人工智能技术为核心的信息科技革命对传统产业正在产生着深刻的影响，引发了经济、社会、职业、文化等各领域的深层次的变革。国家"十四五"规划纲要明确指出，要加快构建现代产业体系，推动制造业优化升级，发展壮大新一代信息技术、生物技术、新能源、新材料等战略性新兴产业，加快推进产业数字化转型。国家经济现代化建设的大政方针对高等教育带来了前所未有的挑战。地方高校要分析研判国家经济建设和社会发展对人才的需求趋向，充分把握大势，科学确定学校的办学方向和目标定位，确立本科教育建设的中心地位，谋划本科教育的改革方向。只有这样，才能实现本科教育高质量发展，使高校对国家经济发展不只是被动地适应，而是要真正起到引领作用。

《中华人民共和国高等教育法》中明确指出："我国高等教育的任务是培养有创新精神的实践能力的高级专门人才，……本科教育应当使学生比较系统地掌握本学科、专业必需的基础理论、基本知识，掌握本专业必要的基本技能、方法和相关知识，具有从事本专业实际工作和研究工作的能力。"因此，地方高校的人才培养目标应该既要符合国家对本科教育培养目的的基本要求，还要体现应用型人才的社会特征，即在完成"三基"目标的同时，更应该熟练掌握社会生产或社会活动的流程、工艺、方法，具备较强的职业素养和职业能力。相对于学术型人才，应用型人才的素养结构不是要求其知识的"专"和"深"，而是更加关注其理论知识与实践能力的最佳结合、关注其在现实中解决实际问题的能力和适应变通能力。

参考文献:

[1] 汪大喹，张翠平，陈小玲. 地方高校转型发展策略研究 [J]. 中国成人教育，2015（15）：48-49.

[2] 周绍森，张阳. 适应新常态，大力推进地方高校转型发展 [J]. 中国高等教育，2015（19）：28-29.

[3] 梅友松，黄红英. 地方高校转型发展研究 [M]. 北京：光明日报出版社，2015.

[4] 彭小建. 地方高校内涵式发展的路径研究 [J]. 中国成人教育，2014（12）：36-38.

[5] 许杰，刘义荣. 探索地方高校转型发展，推进高水平应用型高校建设（观点摘编）[J]. 中国高教研究，2016（12）：31-35.

[6] 李南方. 新时代地方高校内涵式发展路径探究 [J]. 吉首大学学报（社会科学版）. 2018（12）：259-261.

[7] 潘懋元. 应用型人才培养的理论与实践 [M]. 厦门：厦门大学出版社，2011.

[8] 曹毓民. 地方高校办学定位问题探讨 [J]. 苏州科技学院学报（社会科学版），2005（2）：115-118.

[9] 冯滨鲁，毕廷延. 深化高等教育综合改革，推动地方高校转型发展 [J]. 中国高等教育，2019（10）：34-36.

[10] 李玉珠，常静. 高素质应用型人才培养定位、规格与体系建设 [J]. 中国职业技术教育，2019（1）：45-49.

[11] 陈丙义. 高效应用型人才培养目标体系新论 [J]. 河南师范大学学报（哲学社会科学版），2014（6）：175-180.

[12] 李康举，梁爽. 高水平应用型大学建设探索与实践 [J]. 中国高等教育，2020（9）：41-42.

第四章 应用型人才培养机制的思考与探索

第一节 机制的内涵与中英比较

一、机制的内涵

机制是按照一定的运作方式和规则，把事物之间的各个部分、要素有机联系、调动起来，从而使它们能够协调运行，以发挥功能最大化。现实中，机制往往是以计划、行政的手段把各个组织、部分统一起来，能够通过有机系统运行，通过指导、服务的方式去协调各要素之间的关系。

一是机制是一种较为固定的方式方法，经过一定的系统化和理论化，从而可以有效地指导实践。同时，机制又不同于方式、方法，机制具有一定的稳定性，不因组织内部的变动或人员变化而随意变动，而单纯的工作方式和方法具有易变性。二是从制度理论来看，机制一旦形成并理论化，就含有制度的因素，具有一定的强制性和约束力，要求所有相关人员遵守不能轻易违背，而方式、方法更多反映的是某类组织和个人做事的一种偏好或经验，不存在约束力，需要依靠宣传、认可去推广。三是机制比方式、方法更具有有效性和指导性。四是机制是各种方式、方法的有效提炼和整合，依靠的是整体功能的发挥，而方式、方法是单一起作用。因此，对于一个组织系统来说，要想保持稳步运行和发展，必须重视机制建设。

从功能来看，机制可以分为激励机制、制约机制和保障机制。三种机制在组织系统中由于作用机理不同，相互制约，相互影响。理顺三者之间的关系，促进其不同机制的整合优化和合理转化，发挥其整体效能的最大化，是组织持续发展的关键。因此，如何在现实中合理地运用约束机制、形成有效的激励机制、建立全面的保障机制十分重要。

机制的建立要靠体制和制度。体制是通过调整与配置组织职能和岗位责权，所形成的管理机构和管理规范的统一体，是组织与制度的集合；所谓制度包含的范围更广，大到国家层面制定的法律法规，小到组织内部制定的规章制度、规范和管理规定等。机制的运行离不开体制尤其是制度，只有在相应的体制之中和制度建立的前提下，机制在实践中才能得到体现。制度研究的是"明确和保障"，机制解决的是"维稳和运行"，两者相互联系，互为制约，共同作用。如学校人事制度、分配制度、评价制度等在内部竞争、激励机制的建立过程中必须有效运行。

如何创新应用型人才培养机制是当前地方高校落实内涵建设，实现高质量发展所要解决的最为关键的问题。只有形成了校内、校外互通共融的应用型人才培养长效机制，使人才培养与区域经济之间达到目标协同、战略协同、组织协同和知识协同，才能切实保障应用型人才培养目标的实现。

二、英国大学应用型人才培养机制

英国大学应用型人才培养机制，将人才培养与工作过程紧密联系起来，以产学合作与互动为保障，将能力培养的理念融入课程体系，通过实施以能力培养为导向的教学过程、开发就业能力培养计划来实现应用型人才的培养目标。其人才培养机制主要包括产学合作与互动机制、课程设置与实施机制、个人发展计划和学术导师制等机制。

一是英国大学产学合作传统悠久。作为应用型人才培养的保障，产学合作机制作为人才培养机制的一部分已经步入完善。二是课程设置与实施机制，课程实施强调以能力培养为导向。从课程的设置开设、过程管理到结果评价，都形成了一套成熟的流程。三是专门的就业能力培养计划。英国大学实施个人发展计划和学术导师制。导师对学生进行一对一的指导，有充裕的时间与学生交流，发掘学生潜力，有利于学生的全面发展。

三、中国大学应用型人才培养机制

我国普通本科高校应用型人才培养的影响因素比较多，这些要素可以分为内、外两部分。因此，制约机制也包括高校内、外两部分。内部作用机制主要有教师、管理者、学生等人的因素，以及规章制度、人才培养方案、课程及教材、教学设备、实习场所、教育投入等物的因素；外部作用机制主要有政府主管部门、社会相关行业、企业，教育制度和相关政策，以及当地经济发展水平和各行业对应用型人才的需求层次等。高校内部，从应用型人才培养来看，主要有高校人才培养定位、"双师型"教师队伍建设、产教融合协同育人机制、应用型人才培养管理机制、教学机制、学习机制、质量评价机制、领导激励机制等。

制度是高校机制运行和发展的基础。应用型高校应该强化制度供给，从宏观、中观、微观层面构建完善的制度体系。各个高校按照人才培养模式多样化的改革设计，从发展方向、建设思路等方面进行宏观设计。通过应用型人才培养过程的规章制度和机制改革，进行应用型人才培养方案的制订、教学大纲修订、应用型专业集群、应用型课程建设等，并付诸实施，能有效促进学校的应用型人才培养。

（一）产教融合共生机制

"产教融合，校企合作"涉及多方主体的参与和资源利用整合，因此必须完善共生机制，兼顾各方利益，明确各方的职责。应用型高校通过完善的组织制度，通过建立校内校外结合、共容共生的制度体系，如大学理事会、"政-校-企"联席会议等高效运行的合作制度，促进产教融合。

（二）资源协调运行机制

高校资源作为教育发生发展的基本要素，在人才培养的过程中十分重要，学校要重视资源建设和聚集，利用资源的载体作用加强与社会互动和交换。地方应用型高校存在缺少稳定多元的资源筹措渠道，存在资源总量相对不足、资源利用率不高、同质性过强等问题。在应用型人才培养过程中，通过以服务求支持，向社会广泛获取资源，把社会资源转化为办学资源，提高资源运行效率。

（三）教育教学运行机制

现代大学的教育教学运行机制是以教学为中心，促进教学管理工作规范化、科学化、现代化，充分发挥教务部门和各院系、部与有关教学单位作用的机制，包括教学过程、教学行政管理两个方面。主要涵盖课程教学大纲的制定、日常教学管理、课堂教学环节的组织、实践性教学的组织管理、教学科研的组织管理、学籍组织管理、教师工作管理、教学资源管理、教学档案管理等，通过有效运行，使之与应用型大学发展相适应（见图4-1）。

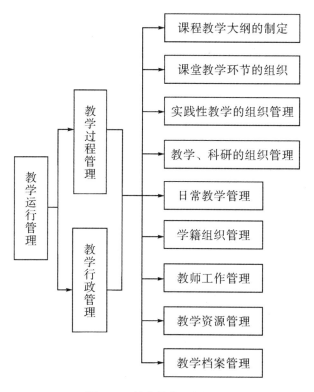

图 4-1　教育教学运行机制

（四）人才培养与评价机制

应用型人才培养是我国高等教育发展战略的重要内容，高校在办学思路、学科建设、专业设置、资源统筹、评价机制等方面进行布局，着力培养全面发展的应用型、技术技能型、复合型人才，以服务区域经济发展及战略性新兴产业的培育和发展。《深化新时代教育评价改革总体方案》提出，树立科学成才观念，坚决改变用分数给学生贴标签的做法，讲求技术应用或服务提供、侧重技能掌握和动手能力。通过制定科学的人才评价机制，并充分发挥其导向作用，建立"以评促教""以评促学"的评价机制，使应用型本科高校人才培养质量标准更好地对接社会需求。应用型人才评价标准应侧重技能掌握、技术应用、服务质量等方面。

新时代，应用型人才培养与经济发展及产业升级逐渐走向共生、共享、共赢。因此，在组织实施人才评价时，要利用人工智能、大数据等技术，开展各阶段理论学习与实践环节全过程纵向评价、德智体美劳全要素横向评价，甚至对毕业学生就业创业能力进行跟踪调查与评价。在人才培养机制上更好地促进人才供给与产业需求的融合，推动我国经济高质量发展。

第二节　应用型人才培养机制的思考

应用型人才培养是一个宏观的概念，其内涵涉及学校内部和外部很多要素，校内的要素主要有学科专业结构、师资队伍、人才培养方案、课程体系、教材建设、教学过程、实践教学场所等，校外的要素主要包括政府主管部门政策导向、地区经济社会发展水平、行业和企业对人才的需求以及对应用型人才培养过程的参与等。不同要素之间进行组合和重构，就会形成不一样的局部运行机制，如教学管理机制、"双师型"教师队伍建设机制、校企合作运行机制、应用型人才质量评价机制等，这些局部机制相互协调运行，共同构成应用型人才培养的整体机制。

一、全面发展的教育教学机制

第一，强化思政育人。鼓励广大教师根据不同专业人才培养特点和专业能力素质要求，坚持育人为本，德育为先，落实立德树人根本任务，科学合理设计思想政治教育内容，将思政元素有机融入专业课和教学全过程。

第二，注重开展传统文化教育。通过中华优秀传统文化涵养师德和学风，通过经典诵读等形式，引导学生汲取优秀传统文化精髓，提升学生的文化素养。

第三，强化体育。充分利用体育课、群体竞赛活动、日常锻炼等渠道增强学生体质。通过早操、运动世界校园跑步 App 等形式广泛开展日常体育锻炼。在体育课程考核中，加入体质健康测试项目，记入体育课成绩，促使学生加强体育锻炼。

第四，加强美育。将公共艺术课程纳入人才培养方案，实行学分制管理，规定非艺术类学生需选修一门艺术限定性选修课，并对艺术限定性选修课给予界定，包括艺术导论、音乐鉴赏、美术鉴赏、影视鉴赏、戏剧鉴赏、舞蹈鉴赏、书法鉴赏、戏曲鉴赏等课程。

第五，加强劳动教育。将劳动教育融入课堂。深入挖掘思政课程、创新创业课程中的劳动技术教育元素，开设与劳动教育相关的通识类课程，通过集中讲授，使学生了解马克思主义劳动观、劳动安全、劳动法规、创业法规等相关内容。创建"劳动光荣"的校园文化，安排各行各业劳动模范、劳动奖章获得者、优秀员工等进入校园开展讲座，评选学生"劳动之星"，通过弘扬劳动精神、劳模精神、工匠精神，帮助学生树立正确的劳动价值观。单独设置劳动实践教育模块，明确劳动实践的学分、学时、考核标准，将其真正落实到人才培养方案中去。丰富学生劳动体验活动，通过开展劳动周、劳动月、社会服务进社区、志愿服务、专业服务、勤工助学、公益服务等活动，提高学生动脑和动手能力，养成良好的劳动习惯。

二、人才培养的教学管理机制

第一，企业参与人才培养全过程。做好培养方案修订工作，要求各专业坚持成果导向理念，深入行业开展深度调研，进一步优化培养规格、培养目标、毕业要求和课程设置。在业界专家共同参与下，制订行业标准、职业资格和岗位素质要求三位一体的人才培养方案，对接行业最新标准和最新要求，形成了同时满足行业生产过程要求和工程教育认证、师范专业认证等国家标准的课程体系。进一步夯实与地方重点企业在人才培养方面的合作关系，打通行业产业资源进入人才培养体系的通道，吸纳地方重点行业企业专家进入学术委员会和教学指导委员会，建立学术共同体，共同开展人才培养方案制订、课程体系构建、教学大纲修订、教材编写、教学过程实施等人才培养环节，行业企业专家积极参与到课程教学、实习指导、毕业论文（设计）指导的全过程。

第二，注重过程管理。进一步加强课堂教学管理，对课堂教学的师德师风、学生课堂纪律、课堂管理人员职责等都做出具体要求，从而进一步规范教学过程组织和管理行为，健全教学管理制度体系和管理机制。

第三，强化实践教学管理。加强实验教学管理，不断优化专业实验、综合实践性实验、开放性实验等实验课程体系，提高综合性实验、设计性实验的比例。按照职业岗位专业技能和应用型人才培养要求设计实验教学内容，加强实验教学内容和方式改革，制定科学的实验教学大纲，强化实验教学过程管理。对实习实训的基地建设、组织管理、过程指导和成绩评定等提出具体要求。设立实习专项经费，将实习专项经费纳入教学经费预算，确保各类实习的正常、有序和高效开展。强化实习管理、规范实习纪律、严格实习考勤制度，学校和实习单位双方依据实习生的实习报告、实习答辩和实践项目的完成情况等，对实习生的专业实践能力、团队合作能力和社会责任意识进行全面评价。强化毕业论文（设计）过程管理，坚持"一人一题"，坚持毕业论文（设计）题目与学生的实习实训、创新实践相结合。

三、人才培养的质量监控评价机制

第一，构建多元化评价体系。对学业评价提出明确的可操作性强的优化措施，以此推动建立和实施综合的多元化评价体系，实现"以终结评价为主"向"以过程评价为主"转变。促使教师转变教育观念、加强过程管理，构建有效多元的高校学生学业评价体系。实行多个阶段、内容综合、多方参与、形式多样的综合考核模式。提高随堂提问、平时测评、阶段考核、期中考核、期末考核等过程考核在课程学习考核中的比重；提高知识应用类和实践能力类内容的考核比重；鼓励行业专家、实习单位教师、校内实践教师、社会考试机构等多方参与，认可网络考核、试卷考核、调研考核、实操考核、设计考核等形式。

第二，探索特色化课程考核方式。围绕应用型人才培养，鼓励各专业探索特色化课程考核方式。例如，在管理类专业实行"以证代考"，在集中实践环节设置资格证书课程，开设"理财规划师培训""初级会计师培训""人力资源管理师培训"等课程，学生通过考取理财规划师、会计师、人力资源管理师、税务师等相关证书即可获得课程学分。实行"以赛代考"，学生通过参加各种相关比赛等，其比赛成绩可作为课程考核成绩，激励学生提高实践动手能力。

第三，构建教学质量监控闭环。对接本科教学国家质量标准，以"学生中心、学习成果导向"为指导思想，突出能力和应用，对本科专业的理论教学、实验、课程设计、实习实训、毕业实习、毕业论文（设计）等主要教学环节，制定详细的质量标准与评价办法，构建应用型本科教学工作校本标准体系。构建校院两级教学督导评价制度体系，修订完善诸如《二级学院教学质量监控工作实施办法》《教学督导工作实施办法》《领导干部听课管理办法》《课程建设标准及评价办法》《学生教学信息员工作实施办法》等系列文件，明确教学评价各主体工作职责，完善教学质量监控体系，构建多元主体参与的教学质量奖惩、考评、激励机制，确保政策导向切实落实为个体的实际行动。

四、应用型学科专业建设机制

立足地方经济的长远战略，结合地方重大需求，围绕区域重点产业链进行学科专业布局，推动"四新"建设，培育专业新的优势和特色，构建与区域产业链紧密结合的应用型学科专业体系。出台产教融合专业群建设规划和实施方案，不断完善专业集群发展的运行机制。以优势学科专业为核心，结合国家和地区经济发展趋势以及特色专业群建设，紧贴地方重点产业和专业群建设优化专业结构，建立专业动态调整机制，进一步调整优化专业结构，培育打造特色先锋专业。

五、校地共建的人才队伍激励机制

完善教师职称及薪酬制度改革，明确在职称评审、绩效奖励上对"双师型"教师的激励政策。推行分类管理和分类评价，突出应用型成果导向，注重对教师师德师风、教书育人、科学研究、社会服务与综合素质的全面科学评价，从而完善教师评价机制，充分调动广大教师提高教育教学质量、科技创新水平和社会服务能力的积极性；进一步深化人事分配制度改革、完善竞争激励机制，促进学校人力资源合理配置，完善绩效考核制度，创新绩效分配方式，完善收入分配激励机制，设置以岗位聘用及职责任务完成情况为基础的岗位履职绩效工资，以工作实绩和贡献度为重点衡量标准，逐步建立向教学一线和优秀人才倾斜的分配激励机制。

六、创新创业教育机制

学校把创新创业教育课程纳入人才培养方案，渗透到教育教学全过程，要求学生必须获得不低于 4 个创新创业学分，建立了"2+X+Y"（2 门必修主课+多门选修课+活动与实践课程）的创新创业教育课程群，通过《大学生创业基础》必修课程教育，针对 100%的学生开展理论教学；通过"视•界"创新创业大讲堂、GYB/SYB 创业培训班、国家级/省级创新创业训练计划项目、"工程应用班""创客精英班"等创新班建设，针对 50%左右有创业意愿的学生开展专项培训；通过入驻学校创业园区开展创业实践实训，针对 5%左右有创业项目的学生开展定向指导，逐步构建起了分阶段、分层次的"金字塔"式三级教育体系，最终实现了集"课堂教学+培训指导+竞赛提升+文化培育+实践实训"于一体的依次递进、有机衔接、结构合理的创新创业人才培养模式。

近年来，许多地方高校深入贯彻落实新时代本科教育工作会议精神，实施"教学改革与发展五年规划"，积极推进"卓越人才培养计划""一流课程建设计划""课堂教学范式改革计划"等教学改革计划，全方位、系统性开展教育教学改革，持续推进人才培养模式创新，完善应用型人才培养机制。

第三节　应用型人才培养机制探索案例
——以许昌学院为例

近年来，许昌学院为深入贯彻落实新时代本科教育工作会议精神，实施"教学改革与发展五年规划"，积极推进"卓越人才培养计划""一流课程建设计划""课堂教学范式改革计划"等教学改革计划，全方位、系统性开展教育教学改革，持续推进人才培养模式创新。

一、应用型人才培养机制的构建

2016 年以来，为进一步提高应用型人才培养的契合度、科学性和有效性，学校根据高等教育发展的新要求，按照理念先行、调研跟进、深入梳理、现场论证的思路对人才培养方案进行了全面修订和完善。要求各二级学院吸纳行业企业专家进入学术委员会和教学指导委员会，建立学术共同体，共同开展人才培养方案制订、课程体系构建、教学大纲修订、教学过程实施。

出台《许昌学院人才培养模式创新试验区建设管理办法》《许昌学院本科生导师制工作办法》等文件，以"一院一特色"为目标积极打造体现专业特点的特色化人才培养模式，推进"人才培养模式创新试验区"项目建设，鼓励二级学院通过创新人才试验区或试验班、创新班、冠名班等形式，积极探索具有专业特色的卓越人才培养方案和培养模式，打造应用型人才培养高地。化学化工学院的"分类分方向应用型人才培养"、电气工程学院的"创新实验班"、新材料与能源学院的"材料之星"等，都取得了较好的培养效果。其中，"分类分方向培养应用型人才培养模式的构建与实践"获得河南省教学成果一等奖。以新材料与能源学院本科生导师制实施为抓手，对学生实施全方位全阶段的项目教学，通过项目参与训练与指导，培养学生实践创新能力，逐步形成了具有一定特色的 OPCE 理念和人才培养体系，获得河南省教学成果特等奖。

出台《许昌学院关于学业评价改革的指导意见》，对学业评价提出了明确的可操作性强的优化强化措施，以此推动建立和实施综合的多元化评价体系，实现"以终结评价为主"向"以过程评价为主"转变。促使教师转变教育观念、加强过程管理，构建有效多元的高校学生学业评价体系，提升应用型人才培养质量。

二、完善教学质量监控评价机制

第一，进一步落实教学中心地位。学校领导班子凝聚共识，从顶层设计上对本科教学建设行动做出宏观设计和指导，依据《许昌学院教学质量提升工程实施方案》和《许昌学院教学改革与发展五年规划（2018—2022）》，出台《关于进一步巩固和加强教学中心地位的实施意见》，统一思想，在全校教职工生中树立"教学神圣，崇尚学术"的办学理念，提出校内绩效分配向教学一线倾斜，在教师职务晋升、评先表优中实行教学考核一票否决制，严格落实教授授课制度，落实教学经费投入等政策要求，引导落实教学中心工作。

第二，进一步完善教学管理机制。出台《关于进一步加强课堂教学管理的指导意见》《许昌学院关于课程思政建设的实施意见》等文件，对课堂教学的师德师风、教风教态、学生课堂纪律、课堂管理人员职责等都做出具体要求，从而进一步规范了教学过程组织和管理行为，健全了教学管理制度体系和管理机制。

第三，构建教学质量监控闭环。以"学生中心、成果导向、持续改进"为指导思想，对接本科教学国家质量标准，出台《许昌学院本科主要教学环节质量标准与评价办法》，对本科专业的理论教学、实验、课程设计、实习实训、毕业实习、毕业论文（设计）等教学环节，制定了详细的质量标准与评价办法，构建应用型本科教学工作校本标准体系。修订《许昌学院二级学院教学质量监控工作实施办法》《许昌学院教学督导工作实施办法》《许昌学院领导干部听课管理办法》《许昌学院课程建设标准及评价办法》《许昌学院学生教学信息员工作实施办法》等系列文件，明确各方工作职责，完善教学质量监控体系，构建多元主体参与的教学质量评价机制，为教学质量的不断提高提供制度保证。

三、完善学科专业建设管理机制

进一步落实《许昌学院学科专业提质工程实施方案》，结合教育部"六卓越 拔尖2.0"相关文件要求，以新工科、新文科、新医科等为重点，系统推进学科专业综合改革。先后出台了《许昌学院一流本科专业建设"双万计划"实施方案》《许昌学院专业认证工作实施方案》，以优势学科专业为核心，结合国家和地区经济发展趋势以及特色专业群建设，进一步调整优化专业结构，培育打造特色先锋专业。按照"建好平原，打造高峰"的思路，以专业认证、一流专业建设、专业评估等为抓手，以特色专业群建设为核心，系统开展一流专业培育工作，效果凸显。电力装备与制造专业群中的核心专业——电气工程及其自动化专业获批国家一流专业，并顺利通过教育部工程教育专业认证，使学校在工程教育认证工作方面实现了历史性突破；12 个专业获批省级一流专业。

四、建立人才队伍建设激励机制

坚持按需设岗、按岗评聘原则。加强人事管理及薪酬分配制度改革，进一步深化人事分配制度改革、完善竞争激励机制。按照学校内涵式发展总体部署和办学需求，坚持科学定编定岗、评聘分离、优劳优酬原则，充分利用编制管理的调控和导向作用，优化人力资源的配置，促进学校人力资源合理配置，完善绩效考核制度，建立科学规范的收入分配管理体系。一是完善人员定编定岗办法，提升人力资源配置效益。紧密结合学校人才培养、学科建设需要和建设富有特色的高水平应用型大学的战略目标，加强顶层设计，对人员编制及岗位设置进行总体布局，进一步优化编制结构。二是加强岗位聘用管理，建立年度和聘期相结合的考核制度。对岗位进行精细化分类，为全体教职工构建良性顺畅的职业发展通道。进一步优化职称评定及聘任办法，建立适度评聘分离制度，强化年度和聘期考核及结果运用，建立以岗位流转、职级升降、岗位进退等为主要措施的人员流动机制。三是创新绩效分配方式，完善收入分配激励机制。以岗位为主线，设置以岗位聘用及职责任务完成情况为基础的岗位履职绩效工资，设置激励性绩效，鼓励有能力者多做贡献，建立重实绩、重贡献，向优秀人才和教学一线倾斜的分配激励机制。

五、完善校园文化的长效发展机制

在校园文化建设方面，学校紧紧围绕"举旗帜、聚民心、育新人、兴文化、展形象"的重要使命和立德树人根本任务，出台《关于进一步规范思想宣传阵地和文化活动管理的实施意见》，坚持守正创新的工作思路，对校园网主页、各二级网站、学校各公共微博微信等新媒体平台、校报、校内各级各类出版物、文艺作品、校园广播电台、电子显示屏、宣传橱窗、公告栏、标语横幅、各类演艺场所、博物馆、陈列馆、展览馆等文化场所，以及各类校园文化活动都提出了建设性意见和具体管理措施，旨在营造健康、文明、优美、向上的校园文化环境，不断提升学校思想政治工作质量和水平，更好服务学校内涵提升与高质量发展。

学校紧紧围绕人才培养根本任务，以激发学生学习动力为目标，以强化过程管理为保障，培养学生规矩意识，引导学生明确学习目的，端正学习态度，养成良好的学习习惯，形成学风建设长效机制。通过加强思想引领，引导学生主动学习；规范学习行为、增强学生纪律意识；强化学习支持，帮助学生规划学业职业、优化学习方法；加强班级建设，引导和鼓励学生自我管理；实施"学园式"管理模式改革，营造良好的学习生活氛围；加强校园文化建设，创造良好的育人环境等六大举措，使学校的学风、校风、校貌焕然一新。

六、构建内涵式发展激励机制

制定《许昌学院目标管理实施办法》和《许昌学院目标管理考核方案》，坚持目标导向、职能导向、绩效优先、分类管理的原则，以学校内涵式发展总体目标为导向，突出学校高质量发展的实际要求，引导各二级单位的工作重心与学校事业发展规划和年度重点工作相一致。以高校的"人才培养、科学研究、社会服务、文化传承与创新"四项职能为基本出发点建立目标管理量化考核指标体系，体现学校发展重心。以年度目标任务完成情况和主要工作成果为目标管理考核的主要依据，定量考核与定性考核相结合，注重实绩和效益，突出重大创新成果。

通过目标管理制度的实施，进一步深化内部管理体制改革，从而建立完善的内涵式发展激励机制，有效调动全校各单位的办学积极性，推进学校事业发展规划的执行，确保学校党委、行政提出的各项工作任务全面落实。

参考文献：

［1］于静霞. 制度、体制、机制的内涵与外延分析［J］. 中国电子商务，2013（24）：101.

［2］徐同文，陈艳. 英国大学应用型人才培养机制探析及启示［J］. 高等工程教育研究，2013（4）：111-115.

［3］刘亮军. 地方普通本科高校应用型人才培养机制创新［J］. 教育与职业，2017（14）：50-53.

第五章　应用型人才培养体系建设

人才培养体系是指高等学校以办学定位、人才培养模式、人才培养评价和质量保障机制组成的人才培养整体。应用型高校的人才培养体系是以培养应用型人才为基础，坚持立德树人、深耕内涵式发展，所形成的应用型办学定位、人才培养模式、人才培养评价和质量保障机制等。其主要内容包含应用型人才培养的类型、专业素养、课程结构、实践教学内容和方式、教学评价和质量保障。

第一节　应用型人才培养的特征

一、我国应用型人才的培养分期

中华人民共和国成立以来，我国一直在进行应用型人才培养的探索和研究。胡万山把我国应用型本科教育发展归纳为三个阶段，即探索阶段、扩张阶段、发展阶段。其对应用型人才培养的研究也同样经历了三个层次，即探索期、发展期和深化期。

（一）应用型人才培养探索期（1949—1998 年）

中华人民共和国成立初期，百废待兴，国家各行各业发展急需一批应用型人才。受到苏联教育模式的影响，我国建立起了许多专业性的学院，形成了以培养"专才"为目标的应用型人才培养体系，开始了应用型人才培养的探索之路。

20 世纪 70 年代，以德国为代表的应用技术大学开始建立，这些高校在人才培养上注重专门人才与职业能力的培养，促进了理论与实践的结合，推进了高校与社会的融合，培养了一批社会需要的高层次技术人员。

20 世纪 80 年代初，受到以德国为代表的应用技术大学的影响，我国汕头大学、宁波大学、深圳大学等地方高校发展迅速。这些大学人才培养定位是培养服务地方产业发展的本科应用型人才，为我国应用型本科高校人才培养提供了最早的范本。

20 世纪 90 年代，我国开展了高等院校教育思想大讨论，对新中国成立以来高等教育发展进行总结。一方面，肯定了高等教育发展取得的伟大成绩，培养了一批社会主义建设人才，为国家的经济建设和发展做出了突出贡献；另一方面，反思了计划经济时代高校的"脱离社会、封闭办学"导致的"教育观念落后""教育内容陈旧"等问题。1993 年，中共中央、国务院印发的《中国教育改革和发展纲要》中指出，"重点发展应用性学科和专业，重视培养社会主义建设急需的高层次应用型和复合型人才。"1994 年，《高等教育面向 21 世纪教学内容和课程体系改革计划》首次明确提出了"人才培养模式"这一概念。这些政策为应用型人才培养提供了政策依据，带动人才培养模式的探索，我国在引导应用型本科发展方面的政策逐渐明晰。

总体来看，这一阶段是应用型人才培养的探索阶段，应用型的概念还停留在学术研讨、政策文件中，对其解读也较为浅显，没有明确应用型人才培养的内涵、特征、性质、目标等，也缺少较为成熟的实践案例，应用型人才培养处于初步探索中。

（二）应用型人才培养发展期（1999—2013 年）

1999 年，教育部出台《面向 21 世纪教育振兴行动计划》，提出"到 2010 年，高等教育毛入学率将达到适龄青年的 15%"。实际上，我们在 2002 年就已经提前完成这个目标。到 2013 年为止，全国高等教育在学总规模为 3 460 万人，高等教育毛入学率达到 34.5%。这一时期，伴随高等教育扩招政策，我国高等教育规模迅速扩大，相应的应用型本科高校也进入快速扩张阶段。尤其是 2003 年，国家颁布并实施了《中华人民共和国民办教育促进法》，鼓励个人、组织利用社会资本举办高等教育，一批依托公办大学创立的独立学院和民办本科应运而生，前者如浙江大学城市学院、信阳师范学院华锐学院等，后者如西安欧亚学院、郑州西亚斯学院等，开启了高等教育大众化的历程。

2001 年，教育部出台《关于加强高等学校本科教学工作提高教学质量的若干意见》，提出"高等学院要根据国家和地区、行业经济建设与社会发展的需要和自身特点，结合学校实际和生源状况，大力推进因材施教，探索多样化人才培养的有效途径"。同年，教育部发布了《关于做好普通高等学校本科学科专业结构调整工作的若干原则意见》，提出"高等学校尤其是地方高校，要加强应用型学科专业建设，积极设置主要面向地方支柱产业、高新技术产业、服务业的应用新学科专业，为地方经济建设输送各类应用型人才"。2001 年 4

月，教育部首次以"应用型本科教育"为主题在长春召开应用型本科人才培养模式研讨会，在高等教育领域对应用型本科人才培养目标、定位、人才培养方案和实施途径等问题进行探讨。2002年，党的十六大报告提出要按不同层次类型对人才进行分类培养。进一步明确了国家发展需要人才培养的战略目标。于是，"应用型大学""应用型人才"等概念逐渐清晰和明确，国家开始有意识地引导应用型高校的发展。

2007年5月，应用型本科教育学术研讨会在上海举办。潘懋元教授在这次会议上指出，高校要研究地方经济、文化等客观因素和社会经济需求，并结合自身特点和优势，明确学校层次和类型，制定学校发展战略，在各自类型和层次中争创一流。2008年，安徽、四川、吉林、湖北等省先后成立了省级应用型本科高校联盟。随后，在教育部的推动下，全国应用技术大学（学院）联盟于2013年正式成立。该联盟旨在为地方高校的转型发展以及提高服务区域经济发展的能力提供一个相关交流的平台，为推进教学改革创新出力献策。100多所高校加入全国应用技术大学（学院）联盟，尝试探索转型发展之路，促进我国应用型人才培养研究的发展。

（三）应用型人才培养深化期（2014年至今）

2014年以来，国家在大力发展现代职业教育的同时，开始积极推动我国应用型本科教育进入转型发展时期。2014年2月，李克强总理在国务院常务会议上提出，要引导一批普通本科高校向应用技术型高校转型；同年5月，国务院出台《国务院关于加快发展现代职业教育的决定》，提出"引导一批普通本科高校向应用型院校转型"。为了进一步落实这一指导意见，2015年10月，教育部等三部委联合印发了《教育部 国家发展改革委 财政部关于引导部分地方普通本科高校向应用型转变的指导意见》，对地方高校向应用型转型做出了宏观设计和指导。国家有计划地引导应用本科教育发展，标志着应用型人才培养进入了全新的深化时期。

这一时期，部分老牌本科院校、升本较早的新建本科院校以及一些独立院校纷纷加入应用型高校大军，应用型高校在规模上不断扩大。2017年12月，国务院办公厅发布了《国务院办公厅深化产教融合的若干意见》，重点推进应用型本科教育高质量发展。总体来看，这一时期是应用型人才培养的深化期。在这一阶段中，应用型大学的办学定位及方向更加坚定，人才培养目标更加明确，强调融入地方办学，高度重视校企合作、产教融合，更加关注应用型本科人才培养模式的创新研究。

二、应用型人才培养的本质特征

人才培养模式主要围绕三个问题展开，即"为谁培养人才""培养什么样的人才""怎样培养人才"。也就是说，人才培养模式包括人才培养对象、人才培养目标、人才培养过程及课程体系等。应用型人才培养不同于学术性人才和技术型人才，具有以下三个特点：

（一）人才培养对象具有地方性

应用型本科院校多扎根地方办学，立足地方人才需求，为地方经济发展服务。应用型本科院校的学生大多来自本省域，毕业后大多回当地就业，服务于地方经济发展；另外，我国地域辽阔，经济发展不平衡，地域资源和行业特点成为应用型本科院校的办学特色。因此，应用型人才培养对象具有地方性。应用型本科院校要依据地方特色，有针对性地为地方培养高质量应用型人才。

（二）人才培养目标具有应用性

人才培养目标，即"培养什么样的人"，是人才培养模式构建的依据，也是专业设置、课程设置和教学机制建设的前提和依据。20世纪以来，随着科技的迅猛发展，生产力的飞速提高，社会急需掌握先进技术和工艺的生产第一线工程技术人才，应用型本科教育进入大众视野。

应用型本科教育不同于学术性教育和高职教育，其人才培养目标具有应用性，致力于培养社会发展迫切需要的应用型人才，即培养一批既有专业理论知识，又具有较强实践能力，能综合利用所学知识分析问题、解决问题，具有创新精神的高级别应用型人才，以满足现代化社会的快速发展。

（三）人才培养过程具有社会性

人才培养过程是指学校为实现人才培养目标，依据人才培养制度，以一定的方式从事人才培养活动的过程，主要包括专业设置、组织建设、课程体系、教学方式、培养途径和培养方案等。专业设置突出社会产业性和行业性。根据学科分工和产业结构需求而设置；组织建设要突出以学生为中心，建立学生参与管理的教学管理与服务体系；课程体系要突出社会实践性。要通过一定形式的教学、实习、实验、毕业设计等实践环节，培养学生解决实际问题的能力，以适应社会需求和行业发展；教学方式要突出以能力为导向，注重学生的课堂体验和参与，发挥学生自主学习的能动性；人才培养要突出校企合作。人才培养途径是指人才培养的教育环境和教育活动，应用型本科院校应该坚持"走出去，请进来"的策略，加强与地方政府、企事业单位、社会团体的合作，实施校企合作，探索应用型人才培养新途径；人才培养方案要突出实践性、科学性；人才培养方案是人才培养模式的实践化形式，包括教学计划、教学途径安排等。应用型人才培养方案制订强调与社会接轨，鼓励支持教师和学生参与企业的研发过程，实现"双向互动"。

第二节　应用型人才培养的模式

在高校转型发展过程中，地方高校以高素质技术技能教育，以产教融合、校企合作为主的进行过程培养，构建以多元评价为主的质量保障体，形成了嵌入式、订单式、产学研式、三位一体式等多元的应用型人才培养模式。究其原因是地域差异、社会差异化发展、高校目标定位、学生个体差异等因素造成的。

一、应用型人才培养模式多样化

（一）地域差异导致人才培养模式多样化

我国幅员辽阔，地理环境复杂，各地的生产力发展水平、产业结构、资源优势、文化氛围等存在较大差异，从而导致我国地域经济发展的不平衡。地域经济发展需求不同，对人才类型和层次的需求也必然不同，影响着我国高校人才培养的质量和规格的差异；同样，地域产业结构、经济发展战略也影响地方高校学科门类结构以及专业的设置。因此，立足地方，建立与地域经济、文化特色相适应的多样化的人才培养模式是经济社会、区域发展的必然要求。

随着社会经济的高速发展，我国经济增长方式由粗放型向集约型转变，随之带来了产业结构的调整、企业经营机制的转变，跨行业的综合性人才需求量越来越大，人才流动越来越普遍。尤其是 20 世纪 90 年代以来，单一的人才培养模式已经不适应知识经济时代社会对多种类型人才的需求，人才培养规格的单一与社会需求多样化人才的矛盾尤为突出，这种矛盾催生了应用型高校的发展和多样化人才培养模式的构建。因此，多样化的人才培养模式是高等教育适应社会经济发展的需求、培养多种类型的人才的必然要求。

（二）社会差异化发展推进人才培养模式多样化

改革开放以来，随着科学技术日新月异、社会经济飞速发展和人们生活水平的不断提高，新知识、新思想（不局限于高等教育）的学习和接纳等已成为人们生活的基本需要，构建现代化终身教育体系成为教育发展的必然。另外，随着人们知识结构的变化和能力要素的改变，人们有可能从事多行业、多种类的工作，而非从事单一不变的工作。因此，终身学习变得尤为重要。高等教育已经不是教育的终点，它必然被纳入终身教育体系中，并为终身教育服务。高等教育通过人才培养模式的多样化和差异化，使社会和学习者的不同需求与学校办学条件、地域文化特色、产业结构进行有效的组合，培养出满足社会不同需求的多样化人才。

（三）高校目标定位推动人才培养模式多样化

高校的发展与自身的办学实力、定位、目标以及当地经济发展状况、产业结构及文化特色息息相关，其发展有快有慢、发展水平有高有低，有必要实现分层分类发展，以满足社会和学生的多样化需要。人才培养模式多样化，能够让社会需求的多样化与学生个人需求的多样化得以统一。学校根据自身定位、发展方向等，制定指导政策、评价体系等，促进人才培养模式的多样化，实现学科专业体系的整体优化，来适应社会需求的变化对人才培养的要求。

（四）学生个体差异要求人才培养模式多样化

随着工业化发展和知识经济时代的到来，全社会需要接受高等教育的成员不断增加，这种趋势加剧了学生年龄、能力素质、社会经历、发展潜力等的复杂性和多样性。另外，个体学生的需求受到社会经济变革等外部因素与自身理想信念等内部因素的影响，个体对不同的知识理念、兴趣爱好、职业规划等有不同的需求。学校应尊重学生的多样化需求，围绕人才成长生态规律，打造差异化人才培养模式。

二、现有应用型人才培养模式的类型

魏所康认为，人才培养模式分为三个维度：从教育目的看，可以分为英才模式与大众模式、传承模式与创新模式；从教育内容看，可以分为学术定向模式与职业定向模式、刚性模式与弹性模式；从教育方法方面，可以分为师本模式与生本模式、接收模式与探究模式、文本模式与实践模式。结合以上学术界的观点，目前人才培养模式的类型主要包括以下五种：

（一）单科模式和复合模式

单科模式是用单学科知识培养的单向性人才，这类人才知识能力结构单一，没有学科间的交叉，适合某一领域人才需求；复合模式是用多学科的知识培养的综合性人才，这类人才知识综合、能力综合、思维综合，基础宽厚、知识广泛，为实现学科交叉和技术融合提供条件。复合模式是学科交叉创新人才培养的基础。

（二）专才模式和通才模式

专才培养模式是按照专业划分领域进行的专业教育，注重专业的学科逻辑体系，培养某一领域的专业人才；通才培养模式注重学生综合素质和通识能力的培养，一般大学前两年的学习不服务于具体的专业，强调宽基础、强能力、学科交叉的创新型人才的培养。

（三）刚性模式和弹性模式

刚性模式主要指教学管理制度实行学年制，其学年和学时根据不同专业的培养目标而制定，学生要修完规定的学习时数和学年才能毕业，目前大多数高校都采用这种模式；弹性培养模式主要指弹性学制，即减少必修课，实行学分制，学生可以自主选择学习内容、进度、方式等，学完即可毕业。弹性模式是市场经济发展的需要，强调以人为本、因材施教，是应用型高校人才培养模式的趋势。

（四）师本模式和生本模式

师本模式和生本模式是从学习活动的主体角度来划分的。师本模式是以教师为学习活动主体的传统式课堂，强调老师如何教以及教得怎么样；生本培养模式是把学生当作教育的主体，坚持"以学生为中心"的教育理念，围绕"一切为了学生"开展教学活动，带动学习方法、教学组织管理、教育质量评估等的教育变革，强调学生学什么、如何学，以及学得怎么样。目前，生本模式普遍在应用型高校应用。

（五）创新人才培养模式

人才培养目标是地方高校转型发展中首先要解决宏观层面的问题。那么，就应用型人才的目标定位，进一步要解决的微观层面的问题就是培养路径的选择。培养应用型人才，需要地方高校在课程体系建设、人才培养模式、师资队伍建设等方面进行改革和创新。

地方高校应主动融入区域经济发展，坚持以服务、支撑、引领为导向，不断深化产学研合作，建立以实践能力培养为重点、校企协同学做相融的人才培养模式，提高人才培养的岗位适应能力和区域服务能力。

一是要转变传统以系统知识传授为核心的"教师主体、教为中心、知识导向"的教学模式，实施以实践和创新能力培养为核心的"学生主体、学为中心、能力导向"的项目式、合作式、参与式、案例式等多样化教学模式。二是要以产教融合为核心，特别要注重将富有地方特色的科技创新成果转化为教学活动或教学资源，始终围绕"应用"和"实践"构建产学研深度结合的人才培养模式。三是要以"知识、素质、能力"为主线，构建产教融合理论教学体系、实践教学体系、素质拓展体系三位一体的应用型人才培养体系，从而保证学生既要有扎实的理论基础，又要有突出的专业能力和综合素质。

第三节　应用型人才培养体系

人才培养体系主要包括应用型人才培养模式、应用型人才培养评价和应用型人才培养的质量保障机制。本部分主要就教学内容和教学模式进行探讨。人才培养体系集中反映了人才培养理念，更是人才培养目标与规格在人才培养实践中的行动体现。杨春梅认为，人才培养体系对于受教育者知识、能力、素质的形成及人才培养目标的实现有决定作用。因此，应用型高校要构建理论教学体系、实践教学体系、素质拓展体系三位一体的人才培养体系，提高人才培养质量，促进理论教学与社会实践、推进课内与课外的密切结合，广泛开展第二课堂活动，保证学生具有扎实的理论知识、突出的实践能力和职业能力。

一、应用型人才培养体系构建的原则

（一）课程体系与教学内容优化

课程体系是相互联系的诸多课程按照一定逻辑关系组成的能够实现人才培养目标的课程整体内容。科学地选择、更新教学内容，合理地设置课程体系是整体优化人才知识结构的重要环节，也是构建应用型人才培养体系的关键原则。优化教学内容与课程体系，是把"全面发展原则"贯穿到教学内容与教学过程中，在知识传授、能力培养、素质教育方面体现厚基础、强能力和高素质，使学生得到更加全面的发展；是把"整体性原则"融入人才培养模式的顶层设计，用系统的思维方式，将所有课程及教学内容纳入人才培养方案，进行统筹设计，规划知识、能力和素质结构，更新教学内容，处理好课程与课程体系的逻辑关系，让课程体系和课程结构内部的诸多要素达到平衡状态，更好地发挥课程服务于人才培养的功能。

（二）学术性与职业性相结合

学术性和职业性是高等教育不可或缺的两个方面，高等教育要为社会发展培养实用型人才。同时，高等教育也要加强学术性教育，为社会科学、文化繁荣、职业教育等的长足发展提供理论指导，做好充足准备。我国本科教育一直以来比较重视学科体系的理论学习，强调培养对象的理论水平和科研能力，但往往忽略了理论与社会生活生产实际运用的关系，缺乏应用性和职业性。目前，随着我国工业化发展和教育大众化趋势，社会对与相关岗位匹配的、高层次、职业性、技能型人才的需求量越来越大，本科教育开始关注职业性特征，

一批实用的、有利于就业的课程逐渐被纳入应用型人才培养体系。应用型人才培养体系构建要坚持学术性与职业性相结合的原则，一方面，注重基础理论，培养的学生要具备基础宽厚的特征；另一方面，注重实际应用，培养的学生要具备较强的动手实践能力。应用型人才培养要把学术性教育和职业性教育有机融合，培养出理论基础扎实、应用能力强、发展后劲足的创新型人才。

（三）知识传授与能力培养相结合

理论知识是能力转化的基础，能力是在一定知识积累的基础上形成的，丰富的知识是能力提升的必要条件。应用型人才培养要处理好知识传授与能力培养的关系，强调理论知识的学习应该与实践能力培养相结合，并将其贯穿人才培养的全过程中。应用型高校不仅要求学生掌握基础理论知识，而且要积极安排学生进行社会调查，开展社会实践，学会运用学到的知识分析问题，提高解决问题的能力，弘扬创新精神，增强社会责任感，把学生培养成为社会需要的实用型人才。另外，在教学活动中，教师要转变教学观念，不仅要传授知识，还要传授学习的方法，培养学生自主学习和研究问题的能力，让学生完成从被动学习知识到主动学习知识的转变，最终达到让学生"学会"的目的。

（四）专业教育与素质教育相结合

一般来说，专业教育教会学生知识和技能，懂得如何做事，而素质教育主要培养学生的个人修养、精神内涵，即教会学生如何做人。专业教育与素质教育相辅相成，培养学生成为德智体美劳全面发展的综合型人才。文化素质教育主要通过课堂教学、校园文化、社会实践三个基本途径来实施。应用型高校应该尤其重视学生素质养成的培养，开展通识教育改革，坚持"知识、素质、能力"协调发展原则，改革课程体系，创新教学模式，建立符合"地方性、应用型、开放式"定位的课程体系以及制度规范，进而构建科学合理、富有生机活力的通识教育教学体系，提升学生的就业竞争力，为学生成长为创新型、应用型人才奠定基础，增强学生获得幸福生活的能力。

（五）共性要求与个性发展相结合

应用型人才培养体系构建要坚持共性要求与个性发展相结合的原则，建立符合学生发展的基本培养体系和个性化培养体系，关注学生的全面发展和个性发展。基本培养体系包含课堂教学、实验课程、实习实践和毕业设计等环节，指导学生完成基础理论课程的学习，培养学生的实践能力和创新能力。尊重所有学生发展的权利，开发学生潜能，促进学生素质的全面提升；个性化培养体系包括创新比赛、创新科研项目等。以比赛、项目为载体，激发学生兴趣，引导学生自主选择和参与，尊重个人选择，鼓励个性发展，使每个学生分析、解决问题的能力得到最大的提升，促进每个学生成长成才。

二、应用型人才培养体系的内容

应用型人才要求能够掌握扎实的基础知识，具有较强的实践能力和良好的职业素养。应用型人才培养体系应该以应用型人才培养为主线，要求做到知识、能力、素质等的综合协调发展，因此应用型人才培养体系的构建包括理论教学体系、实践教学体系和素质培养体系三部分内容。

（一）理论教学体系

应用型高校与学术型高校的区别往往有一种误区，认为应用型高校重视"实践"，学术型高校重视"理论"。基于此，多数人认为应用型高校的理论教学可以淡化或者降低标准。事实上，应用型高校强调实践教学，但理论教学也在整体教学质量体系中占据重要位置。理论教学是应用型人才培养最基本的途径，也是实践活动的行动指南，更是人们终生学习的必要基础，实践能力和素质的培养是建立在基础知识传授的基础上的。没有学科理论基础作为积淀，应用型人才培养就失去了根基和载体，终将成为空中楼阁。因此，基础知识和理论的学习对于应用型高校来说是必要的，但应用型高校的理论学习与学术型高校相比，更突出基础知识和理论的应用性，社会适应度更偏重于实际问题的解决。

搭建教学平台，巩固理论学习。搭建"公共基础+专业基础+素质基础"的基础教学平台和"专业核心+专业选修+职业拓展"的专业教学平台，为学生理论知识学习提供必要条件，不断巩固理论知识的学习，提高技术应用能力，拓展学生个性化发展空间。

合理设置课程，更新教学内容。应用型高校课程设置应该以区域经济发展和产业需求为导向，按照行业发展的要求，考虑知识结构与实践应用的统一，把学科课程、技能课程与职业课程有机结合，应对好课程体系与岗位需求的多变关系，不断更新教学内容，把社会新技术、新方法、新工艺等及时纳入课程，补充到课堂教学中，促进各类知识的融合，为学生提供相对系统的、扎实的理论学习，增强学生理论知识的应用能力。

更新教学方法，激发学生兴趣。应用型高校与传统学术型高校的学生生源存在差异，学生普遍缺乏深入主动学习的习惯，因此，教学方法的更新对激发应用型高校学生的学习兴趣尤为重要。坚持"学生中心、成果导向"理念，教师可以采取项目制教学、案例教学等教学方法，调动学生学习的积极性，提高教学效果，培养学生"主动学习"的能力。

完善教学手段，达成教学目标。随着科技的飞速发展，理论教学手段不能只停留在"粉笔+黑板"上，要与时俱进，采用翻转课堂、线上线下混合式教学、多媒体图片、视频展现等教学手段，把握"知识面宽、应用性强"的应用型人才培养特点，凸显知识的应用性，把必需和实用的知识传授给学生，教会学生如何解决实际问题，有效达成教学目标。

一是要系统调整人才培养方案，邀请行业、企业人员参与到人才培养方案的修订过程中，要做到课程设置、毕业要求与行业、职业需求三对照。及时革新课程内容，及时将产业新技术、行业新需求融入课程中，在尊重学生自我需求的基础上，通过设置前沿理论课程、整合优化专业课程、明晰核心课程、打造模块课程，调动学生自主学、体验学的目的。二是要加强实践课程体系建设，提高实践课程占比。实施实践课程双导师制，聘请行业企业技术人员参与实践课的教学指导。加强实习管理，保证实践教学的实效性，保证学生通过实习实训切实提高动手能力和知识应用能力，缩短学生从毕业生到管理者和工程技术人员的距离。三是要以实用、有效和先进为原则，依据职业工作岗位需求，通过校企合作建设应用型课程体系，将科技创新最新成果、行业企业实用技术纳入课程内容。四是要做到通识课程与专业课程融通，把通识教育的要求融入专业课程，在专业课程中融入创新能力、团队合作能力、社交能力、领导能力等通识教育。

（二）实践教学体系

根据生产中真实任务或工作流程构建实验实训实习环境，通过校地合作、产教融合等方式畅通学校与社会合作渠道，鼓励吸引企业、政府采取投资或捐赠、政府购买、融资租赁等方式，共建实验实训实习基地。引进企业科研、生产基地，建立校企一体、集产学研教创于一体的集约型校外实践教学中心。统筹校内外各类实践优质资源，以及科研机构、龙头企业的研发力量，实现创新要素的集聚与系统集成，搭建功能集约、资源共享运作高效的科技创新平台或专业类实验教学平台。

实践教学体系在应用型人才培养体系中有很高的地位，应用型本科高校应该以培养学生多样化应用能力为主线，构建分类分层设计与实施的实践教学体系。采用实习实训、实验实践、毕业设计等方式，按照"基本技能→综合技能→高级技能→创新技能"等阶梯式的模式，有效利用校外资源，抓实产、学、研合作基地，争取政府、产业行业的大力支持，对学生需要掌握的实践技能进行训练，构建自身特色明显的实践教学体系，着力培养学生的科学精神、创新思维以及运用理论知识解决实际问题的动手能力。具体需要做到以下四点：

1. 实践教学内容一体化，保证理论与实践教学的统一

实践教学内容要突出与理论教学内容的一体化，要做好理论教学与实践教学的统一，以学科知识内在逻辑关系为基础，依据学生学习时间的逐渐增多，按照"基本技能训练→应用技能训练→岗位实训"的顺序，逐年分类分层次对学生进行与知识理论相适应的实践教学。不同专业也应该根据学生实践教学开展的具体情况，及时发现问题，分析研判，并适当调整实践教学内容及开展时间，保证实践教学高质高效开展。

2. 整合实践教学的内容，保障实践教学实效

实践教学内容要突出实用性、应用型。学校在制订人才培养方案、设置实践课程时一定要邀请政府、社会、企事业单位参与研讨，围绕社会经济发展需要和企事业单位对应用型人才能力的要求，统筹规划，整合实践教学内容，减少效果甚微的重复性实验活动，适当增加实践教学课时，增加应用型实习实训的时间，提高实习实训的质量，保证实践教学内容能够与社会发展、企业行业发展接轨，经过实践教学环节学习的学生毕业后能够直接上岗，保障实践教学的时效性。

3. 创新实践教学环节，体现实践教学的特色

通过增设网络实践、调研报告等形式，丰富实践教学。应用型高校要紧密结合当地经济发展状况、行业经济发展需要，结合学校专业特点、学生发展需要，最大限度地利用好社会资源，改革实践教学方式，切实开展产、学、研合作。一方面，产、学、研合作能够为学生提供创新实践平台，增强学生的社会竞争力，提高人才培养质量；另一方面，产、学、研合作有利于构建契合社会需求的、具有学校和专业特色的实践教学体系，体现学校的办学优势和专业特色。

4. 打造一流的实践教师队伍，保障实践教学高效开展

实践教师队伍的数量和水平是决定学生实践能力培养质量的重要因素，因此，打造一流的实践教师队伍，对实践教学体系的构建至关重要。实践教师应该具有扎实的理论基础知识和强烈的创新意识，能够对新知识、新技术有较为敏锐的反应，并及时史新教学内容，将其融入实践教学过程中；实践教师应该具备较强的团队合作能力和社会交际能力，应该时刻了解社会需求和职业需求，深入企业一线实战工作，提高企业实践能力。应用型高校应该高度重视实践教师队伍整体素质的提升，定期组织学习，培训一批精通专业知识、技术过硬的实践教师，对实践教学过程进行全过程的质量监控，保障实践教学高效开展。

（三）素质培养体系

素质教育的内容涉及个人发展的众多方面，不仅包括身体素质、心理素质，还包括文化素质、道德素质、职业素质等。素质教育是促进学生全面发展的教育，也是促进学生个性发展的教育。素质教育的核心在于，培养学生的创新精神，增强个体的实践能力。因此，应用型高校在构建人才培养体系时，不仅仅要构建理论教学体系和实践教学体系，还要认真思考围绕职业素质构建素养培养体系的问题。只有将"理论、实践、素质"三个体系的构建放在同等重要的位置，才能培养出德智体美劳全面发展的人才，保证人才培养的全面性、独立性和创造性。构建素质培养体系需要关注以下三点：

1. 搭建通识教育平台，提升学生通识素养

通识教育对应用型人才素质培养体系的构建尤为重要，应用型高校要从顶层设计开始推进通识教育改革，结合应用型高校自身特点、地域经济发展状况与学源情况界定与应用型人才培养目标一致的通识核心素养，搭建通识教育平台，按照"求创新、偏应用、强能力、重融通"的原则，打造通识核心课程，培养学生核心通识能力，为应用型人才培养提供有力保障。

搭建通识教育平台，坚持"知识、素质、能力"协调原则，以改革课程为重点，以创新教学模式为关键，建立符合应用型高校发展定位的通识教育理念、培养目标、课程体系以及制度规范，构建科学合理、富有生机活力的通识教育教学体系，增强学生的就业竞争力，为学生成长为创新型、应用型人才奠定基础。

2. 加强课程思政建设，专业教育融入育人元素

围绕立德树人根本任务，发挥专业课程育人作用，推进课程思政建设，将知识传授、能力培养与价值观引导融会贯通，帮助学生塑造正确的世界观、人生观、价值观，使素质教育与专业教育融为一体，形成协同效应，构建思政育人大格局。组织全体教师实施课程思政教学改革，引导教师挖掘专业课程思政元素，并将育人元素融入各类课程教学的全过程，让学生通过学习，掌握事物发展规律，丰富学识，塑造品质，培育爱国情感，提升职业素养，增强职业责任感，成为国家及未来社会所需要的合格人才。

3. 拓宽素质培养渠道，提升学生综合素质

应用型高校应该以各项活动、比赛、培训等为载体，拓宽学生素质培养渠道。支持学生参加科技创新活动，鼓励学生申报科研项目，参加各类创新比赛、学科竞赛等，增强学生的科研意识；组织并保障学生开展社会实践、志愿服务活动，安排指导老师，全程指导学生参与社会调研，撰写调研报告，提高学生社会实践能力；组织大学生文明修身活动，丰富党校、团校活动，提升学

生思政道德修养；丰富社团活动，组织学生参加通识教育类论坛、高雅艺术进校园等活动，拓宽学生视野，提高学生交际能力、团队写作能力，提升学生艺术素养。学校可从政策上给予倾斜，比如采用学分制认证方式，对素质培养类学分给予认证，多渠道提升学生综合素质。

总之，以应用能力培养为目标构建理论教学、实践教学、素质培养"三位一体"的应用型人才培养体系，是应用型本科高素质人才培养的内在要求。应用型高校要立足自身实际，契合区域经济发展现状，发挥优势，因材施教，为社会培养高素质应用型人才。

（四）加强"双师型"教师队伍建设

教师队伍的整体素质既是高校高质量发展的基础保障，也是决定人才培养质量的关键因素。地方高校教师不仅要有一定的教学能力和科研水平，更要有较高的服务地方经济社会发展的能力和水平。因此，"双师型"教师队伍建设是地方高校师资队伍建设的核心任务。地方高校一是要深化教师评价改革，探索建立符合应用型高校特点的人事管理制度，在教师职称评聘、评优奖励中，要注重教师在教育教学和应用型人才培养、科技成果转化和社会服务、校企合作和横向联合等方面的能力和水平。二是要与地方政府和企业协同搭建"双师型"教师队伍建设立交桥，提高青年教师的工程实践能力，鼓励教师到企业接受培训、兼职、挂职工作和实践锻炼，开展教师柔性进企业活动；积极引进行业企业优秀人才进入学校担任专兼职教师。通过互相聘任，实现学校与地方长期稳定的双向人才流动。三是校企合作共建科技创新平台，组织教师带领学生主持或参与双方或多方合作横向项目研究、技术开发，实现师生在产、学、研深度合作中共同发展和成长。

（五）创新创业教育

重视学生创新创业能力培养，将创新创业教育融入人才培养全过程，促进第一课堂与第二课程有机结合。以大学生科研训练和学科竞赛为抓手，按照"项目牵引、教师指导、团队合作"的原则，鼓励本科生早进实验室，参与申报学校或教师的课题研究和应用性强的创新创业项目，在教师的指导下，成立小组团队，明确任务分工，注重分享交流，不断提高学生的创新能力、动手能力以及团队合作能力。

参考文献：

［1］胡万山.中国应用型本科教育发展70年：历程、经验及展望［J］.黑龙江高教研究，2020，38（7）：34-38.

［2］李均，何伟光.应用型本科大学40年：历史、特征与变革［J］.南京师大学报（社会科学版），2018（5）：43-49.

［3］刘献君.应用型人才培养的观念与路径［J］.中国高教研究，2018（10）：6-10.

［4］孔苏.地方本科高校转型发展背景下应用型人才培养模式研究［D］.南宁：广西师范学院，2015.

［5］魏所康.培养模式论：学生创新精神培养与人才培养模式改革［M］.南京：东南大学出版社，2004.

［6］杨春梅.当代英国大学课程改革研究［J］.比较教育研究，2004（4）：16-21.

第六章　地方高校应用型人才培养的框架与路径——以许昌学院为例

第一节　应用型人才培养的框架

地方高校作为我国高等教育体系的重要组成部分，无论是从学校数量还是从学生规模来说，都是人才培养的主力军。2017年，国务院出台的《国务院办公厅关于深化产教融合的若干意见》指出"深化产教融合，促进教育链、人才链与产业链、创新链有机衔接，是当前推进人力资源供给侧结构性改革的迫切要求"，从国家层面对应用型人才的培养提供了政策引导。许多高校纷纷围绕区域发展，不断深化"校地合作""校企合作"，大胆探索应用型人才培养的模式，在专业设置、课程体系、队伍结构、教学方式等方面进行不断革新，逐步走出了一条有别于传统本科的应用型大学建设之路。但是，不能忽视的是，目前这些高校培养应用型人才，没有形成稳定的人才培养体系。

一、应用型人才培养存在的问题

（一）应用型人才供需结构失衡

随着经济的转型发展，产业结构不断优化升级，地方高校专业结构调整不够及时。一方面，区域经济的快速发展，急需大量高层次技能型人才、创新型人才，但是由于地方高校对新技术产业领域人才培养不足，人才培养与区域经济发展不协调；另一方面，中低端人才"产能过剩"，高素质、应用型"四新"人才培养缺乏活力，人才培养同质化严重。应用型人才培养不平衡、不充分的矛盾突出。

（二）应用型人才培养方案调整不及时

应用型人才培养方案是地方高校落实党和国家关于技术、技能人才培养的总体要求。近年来，地方高校积极对接国家教学标准和产业发展实践，不断优化专业人才培养方案，创新人才培养模式。但在实际工作中，还有部分高校在一定程度上存在专业人才培养目标不够清晰、培养方案制定程序不够规范、课程体系不够完善、培养模式尚未完全形成、监督机制不够健全等问题。

（三）专业建设不适应产业发展的需要

目前，以人工智能为代表的新业态、新模式相继涌现，现代产业持续发生革命性变化，一些传统产业岗位逐步消失，原来培养出来的人才不断被新产业人才取代。因此，高校专业应该随着产业的转型发展做进一步调整。但是，由于地方高校自身造血功能不足，不少高校专业转型缓慢，表现在学科专业领域，就是始终以学术性研究大学的学科专业布局为模仿对象，一味追求大而全，开设了很多前期投入少、重复率较高的专业。这种格局从表面看来似乎形成了一种规模效应，但实质上专业的优势与特色却并不明显，学科与专业、市场之间的联动支撑较为欠缺，专业建设并未深植地方经济，尤其是与地方重点产业匹配度不高。

（四）课程设置与企业岗位不适应

在课程建设上，地方高校通过重构课程体系、更新教学内容、创新教学方法、突出实践环节等举措，基本建立了应用型人才培养的课程体系，很大程度上培养了学生的职业能力和职业精神。但是，仍旧存在对接相应职业岗位能力要求的课程建设不足，专业核心课程不明确、基于核心素养的通识类课程建设乏力、理论知识与社会实际脱离等问题。

二、应用型人才培养的内在逻辑及培养框架

（一）应用型人才培养的内在逻辑

不少学者把人才分为研究型人才和应用型人才两类。所谓研究型人才是指从事科学研究，通过探索发现客观规律的人才，也有人称之为学术性人才；研究型人才主要以原创性的基础理论研究和重大技术创造为主，需要具备高水平的学科理论自主研发能力，擅长知识的整合、迁移、创新，以从事学术研究工作为主。所谓应用型人才是指在生产领域，从事产品开发、工艺流程中应用前人的研究成果和技术，推进技术革新和应用的人才。根据应用的领域有人又将应用型人才分为工程应用型、技术开发型、技能操作型人才，等等。还有人根据应用的基础和内容将应用型人才分为知识应用型人才、技术应用型人才和创造应用型人才。应用型人才培养是相对于理论型而言的，是一个相对概念，同

时，在不同的历史时期和不同层次的教育应用型也有不同的内涵，有时很难分清应用型、实践型、研究型。应用型人才培养的内在逻辑就是学校根据地方产业，积极推进教育链、产业链的融合，设置与地方产业相关的专业，不断深化产业群与专业群、职业岗位群与课程群的对接，按照人才培养目标制订人才培养方案，组织教学活动，实施人才培养。

在专业设置上，应用型人才培养应根据社会的需要设置或调整专业。专业设置具有社会适应性。在人才培养目标上，学校根据所在区域行业的发展需要设置符合行业、产业需要的专业，并根据某一产业或行业所需要的专业知识或理论设置人才培养目标。人才培养目标具有产业、行业的定向性。在课程设置上与职业岗位对接，要根据学生毕业后所从事职业的岗位群构建课程体系。课程设置具有实践性。通过合理安排实践教学内容，培养学生应用知识解决实际问题的能力。在师资队伍建设上，要求教师既要有扎实的专业理论基础，还要有丰富的行业背景与实践经验，必须是"双师型"教师。

（二）地方高校应用型人才培养框架

依据地方经济、社会和企业需求，综合考虑学生的发展，确立人才培养目标和规格。根据专业通用标准、行业标准和业界未来发展需求，从知识、能力、素质三个维度构建社会需要的应用型人才综合素养矩阵，科学确定符合社会需要和学生发展的人才培养目标与规格，合理制订应用型人才培养方案，实施"校企协同、学做相融"（见图6-1）。通过改革人才培养与合作机制、改进人才考核与评价机制、构建人才流动共享机制、创新管理育人服务机制，培养高素质应用型人才。

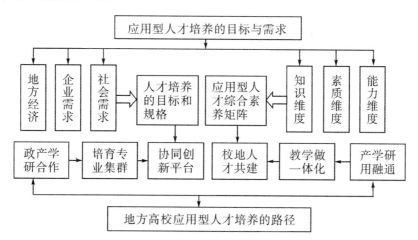

图6-1 地方高校应用型人才培养框架

以学生在毕业后具备相关工作能力以及未来进一步深造学习为核心，协调各类课程之间的比例，构建"学做结合一体化"课程体系。既能提升学生的应用实践能力，又能满足学生的后续发展需要。开展以学生为中心的课堂革命。在教学组织方式、方法上，大胆尝试加强多向互动的"一课多师"、师徒制、小班制、翻转课堂、研讨室、混合式教学改革等；在教学评价上，彻底改变单纯试卷式考核方式，构建"多元全程式"教学和教学质量评价体系。加强校地合作，将实习、实训平台与教师资源整合，实施"合作化"的人才培养方式。探索"校企合作平台""学生培养平台"和"教师培养平台"的运行模式和管理机制，通过共建"校政企合作"的路径，形成人才培养的长效机制。

三、构建产教融合育人模式

许昌学院以应用型人才培养为目标，以"校企合作、产教融合"为基本遵循，对原有实践教学管理和运行机制进行修订与完善。

（一）构建协同育人模式

构建"政府主导、学校主体、企业参与、校地互动"的政、产、学、研合作长效机制，实现高校智创资源与政府、行业、企业、社会等多方创新创业资源的融合，形成了政、产、学、研深度合作长效机制。

在校内，引入企业先进实训技术装备建设多个校内工程训练平台和产品研发平台，与许昌市政府、企业、行业合作共建校内实验、实训基地316个。如电梯研发及模拟实验室、新能源发电实验室、传输网络与控制实验室等。通过校企合作共建，实现了校企双方设备、仪器、场地的共享，培养了学生的岗位能力，实现与职业岗位的无缝对接。在校内的瑞贝卡学院、电梯学院、大数据学院等行业学院，成立了创新创业专家顾问团和创新创业导师团，许继集团原董事长王纪年等30余名专家受聘担任创新创业顾问，60多名校内外专家受聘担任创新创业导师，实现了专业共建、资源共享、人才共育、成果共用、多方共赢。

与企业建立了合作关系，将产业资源、行业经验、业务标准和实习岗位等要素纳入专业人才培养体系。实现实习、实训、就业"三位一体"，增设以行业应用技术为背景的模块化专业课程，把行业企业的最新成果融入教学中。行业企业专家参与到了课程教学、实习指导、毕业论文（设计）指导等全过程，让学生在真实的生产环境和企业生产流程中得到实践锻炼。

（二）构建系统化的实践育人体系

本着学、作、用、创一体化的建设思路，依据《许昌学院实验教学管理办法》《许昌学院专业实习管理办法》《许昌学院本科毕业论文（设计）管理办法》《许昌学院创新学分管理办法》《许昌学院学科专业竞赛管理办法》，对实验教学、专业实习、毕业论文、毕业设计、学科竞赛等实践教学课程进行了整体化设计，有效地将业界新的管理理念、生产过程、生产要素和创新要素转化为实践教学要素、实践教学场景和实践教学资源，构建了"学做融合，用创贯通"的实践体系，鼓励学生积极参加形式多样的创新创业实践活动，为增强学生的实践创新意识和创业就业能力奠定了坚实基础。

通过行业企业与学校的合作，将产品研发、生产过程渗透到专业建设、课程与教材开发、师资培训、人才培养等各个方面，构建系统化的实践育人教学体系，形成了行业、企业参与的协同育人模式。

引导企业深度参与人才培养全过程。学校吸纳一批行业企业专家进入学术委员会和教学指导委员会，参与人才培养方案制订。出台产教融合专业群建设指导意见、产教融合专业群实施方案等文件。聘请一批行业企业专家与校内二级学院院长共同成立专业群建设委员会。学校、行业企业、地方政府"三位一体"，就加强学科专业与地方经济的深度融合、进一步优化专业布局、增强专业之间的交叉发展和共生效应、明确专业群建设规划和思路等重要问题进行了深入研讨和交流。

（三）多样化竞赛培养学生应用能力

学校采用项目化管理方式，构建了四级学科专业竞赛活动体系。一是以大学生数学建模竞赛、大学生电子商务大赛、"挑战杯"课外学术科技作品竞赛为代表的国家级学科专业竞赛体系；二是以省工业设计大赛、大学生艺术展演活动等为代表的省级学科专业竞赛活动体系；三是依托学校"大学生科技文化节"活动的开展，构建以大学生课外学术科技作品、科技发明和文艺创作等为代表的校级学科专业竞赛体系；四是构建以二级学院组织开展的学术论文、设计作品展为代表的学生社团竞赛体系。

（四）以学习为中心，深化课堂改革

大力加强课堂教学改革，鼓励教师积极采用新型教学方法，依托"教师课堂教学人奖赛""教师实践教学大奖赛""应用型课程设计大赛"教学工作坊、观摩课等方式，积极推广基于行业企业真实项目的案例教学、项目教学、情景教学，积极探索建设研讨型课堂。实施应用型课程建设计划，加强学校、行业、企业等多方合作，共同教学，把行业企业技术革新项目和优秀工程案例作为教学资源引入课堂。通过教师教学创新大赛，引导教师秉承"以学生为中心、结果为导向"的教学理念，以提升学生的知识、能力水平为目标，以学生学习为主、教师引导为辅的原则，在教学目标确定、教学内容重构、教学过程组织、教学手段运用等方面进行改革与创新。通过互动教学网、一体化应用云平台、轻新课堂 App 等设备和软件，利用电脑及移动端教学巡视、听课评课、课程测试、同步直播和课堂回看等功能，提高了课堂教学和教学管理的信息化水平。

四、"四位一体"推进创业教育

许昌学院以校企合作、产教融合为重点，按照基地化建设、项目化运作、团队化培育、整体化推进"四位一体"创业教育思路，构建贯穿融通的创新创业人才培养体系，搭建了创新创业人才培养的复合平台。以创新引领创业，以创业带动就业，将创业教育渗透整个教育教学过程。充分发挥创新创业孵化中心、大学生校内外实践教育基地的作用，建设"思想碰撞区""创业体验区""创业苗圃区""孵化加速区""创业示范区""创客梦工厂"，逐步探索创意创新创造创业生态链。

（一）搭建四大平台，训练学生实践能力

通过搭建"创业教育""科技支撑""实战演练"和"综合服务"四大平台，初步建设了"一院两中心三园区四十二基地"的"阶梯式"创新创业平台。"一院"是指创新创业学院；"两中心"是指工程技术中心和创新创业中心；"三园区"指许昌大学科技园、大学生创新创业孵化园区和颍川众创空间；"四十二基地"是指依托各二级学院实验实训室，结合专业特色成立的四十二个"大学生创新创业基地"。创新创业基地服务于学生科技创新项目，工程技术中心侧重学生工程能力训练，众创空间服务于孵化学生初创项目，创新创业中心立足于加速孵化学生创业项目，大学科技园则主要吸引科技企业的入驻以及为产品孵化提供服务，实现了创新创业课程与通识课程相结合，创新创业教育与专业教育相结合，课堂教学与课外实践相结合，学校教育与校企合作相结合。

（二）完善教学体系，培养学生创新能力

通过设置两门必修主课+多门选修课+活动实践课程的"2+X+Y"创新创业课程群，逐步构建了通识教育、创业专项培训和定向指导的"金字塔"式三级教育体系，分阶段分层次全覆盖。通过培训研讨、项目路演、竞赛提升、实战演练等大学生创新创业活动，形成了依次递进、有机衔接、结构合理、相互配合的培养体系。

第二节　应用型人才培养的路径

在国家提出地方高校转型发展的战略指导性改革意见后，许昌学院进行了一系列改革，以转型发展试点为契机，建设示范性应用技术类型本科学校，积极实施产教融合工程和开展政、产、学、研合作，通过培育应用型专业群，搭建校企协同创新平台，实施校地人才共建，打造"五类金课"等，逐渐探寻适应区域经济发展需要的，以内涵式提升为核心、产教深度融合的应用型人才培养之路。

一、制订应用型人才培养方案

在考虑到区域经济发展、社会对人才的需求基础上，通过充分的社会调研，邀请政府、企事业单位、产业行业人员参与人才培养方案制订的研讨，专业设置要体现应用性特征，合理地设置应用型专业，制订和修订人才培养方案，有针对性地培养社会需要的实用性人才。以提高实践能力为目的，构建了政、产、学、研深度合作长效机制，引导行业、企业深度参与人才培养，实现产教融合、协同育人。在产教融合、校企合作的基础上，明确以"学生为中心、成果为导向"，确立了培养目标与毕业要求的支撑关系，在业界专家共同参与下，制订了体现行业标准、职业资格和岗位素质要求的人才培养方案。把"工程素养"教育列入了人才培养计划，构建了以"通识+专业+实践+创新创业"为基础的课程体系。

（一）积极开发应用型教材和在线课程

2017 年，许昌学院加入河南省应用型教材建设联盟，正式启动应用型教材建设工作，并开展了校级应用型教材遴选，最终确定《包装设计与应用》等 13 部教材为校级应用型本科教材，每门课程的教材均要求要与企业合作编写，内容严格按照工作任务进行重构。另外，加强网络教学平台建设，建设了40 多个设施先进、功能完备的互联网教室；建设了一批以公共基础课和专业核心课为重点的网络课程，利用超星尔雅、爱课程、赛课等网络平台引入开发近 400 门线上通识课程资源，遴选出精品通识课程、精品在线开放课程、双语课程、一流课程等各类校级课程建设项目 270 余个，其中 1 门课程被认定为国家一流课程，24 门课程获批省级一流、精品在线等课程建设项目，基本形成了校内校外一体、课内课外融通、线上线下互动的教学资源平台。

（二）对接岗位，着力打造应用型课程

为构建与地方产业紧密对接、符合岗位认知能力要求的课程体系，学校出台了《许昌学院应用型课程建设实施方案》，以此作为课程改革的"破题"之举。应用型课程以职业能力培养为重点，强调按照基于真实工作场景或任务设计教学内容，采用实践性、情景化、职场化的教学方式，让学生在学做之中掌握真实本领。2017 年以来，学校采用"以赛选课"的方式，先后举行了两届应用型课程设计竞赛，立项建设了 50 门校级应用型示范课程，引导全体教师深入开展行业企业调研，根据本专业人才知识、能力需求，以应用型导向开展教学内容、教学方式、教学手段、教学评价等课程改革，起到了引领全校课程转型的作用，营造了应用型课程建设的良好氛围。

（三）校企合作，加强实践类课程建设

聘请业界人员参与实践课程内容建设工作，以培养学生的职业素养和能力为重点，构建实践课程体系。课程内容能反映职业资格和岗位素质需求，与职业标准相对接。课程实施力求体现生产过程、工作流程真实环境。企业行业人员参与实践课程建设工作，实现了人才培养目标与业界用人标准的对接。引入企业行业领域的新知识、新工艺、新技术和新技能，实现了教学内容与社会需求、技能训练与岗位要求的衔接。同时，也促进了毕业论文（设计）指导和管理、教师教学方法和教学手段、学生学业成绩评定方式的深度改革。

（四）回归常识，推进通识类课程改革

为进一步提高应用型人才的科学精神和人文修养，拓宽知识视野，创新思维方法，提升综合素质和能力，促进全面发展，适应社会对复合型、应用型和创新型人才的需求，学校决定进一步推进通识教育教学改革。界定应用型人才的通识核心素养，进而设立通识教育系列核心课程，重构了通识课程体系，线上线下并重，明确了通识教育课程资源建设思路和教学及管理模式。

二、建立政、产、学、研合作机制

围绕建设高水平应用型大学的办学目标，加强与地方政府、企事业单位的沟通，建立政、产、学、研校地合作机构，积极推进政、产、学、研合作。坚持以内涵式提升和创新引领为核心，制定实施细则，赋予相应的责任、权利与义务。研究校地合作发展问题，统筹协调资源调配，推动专业融合与合作交流。实行校地合作负责人制度，由相关学院院长、企业总经理轮流担任，定期召开校地合作专题会议，研究校地合作、产教融合及现代产业学院、专业群建设等相关问题，加强交流与沟通，协调资源共享，推动产、学、研、用一体化，并组织相关活动。成立由行业企业和用人单位参与的校地合作委员会，根据社会需求，加强学校和行业、企业之间的联系，建立与专业发展的互动关系。在教学改革、产教融合、创新创业和社会服务等方面，积极探索，培养高素质应用型人才。建立产、学、研合作基地，引进企业一线人员参与应用型人才的培养，聘请企业一线人员作为兼职教师，鼓励一线教师到企业锻炼学习，搭建校企共育平台，加强与企业全方位合作，培养学生的实践能力。

三、紧贴区域产业，培育专业集群

一是围绕地方产业链建设专业链。根据专业链上的岗位需求，按照"融入产业、集群发展"的指导思想，依托地方经济，服务区域产业，实施教育链、产业链和创新链的"三链融合"，把专业集群建设作为应用型人才培养与推动地方产业发展的有力抓手，增强专业结构与地方产业结构的吻合度，构建产教融合专业集群和学科群。集中力量打造优势，通过"工学结合、教学做合一、产学研一体化"，实施产业群与专业群、岗位群和课程群的"四群互动"。二是根据地方产业需求的变化建立专业随产业发展动态调整机制，从产业的需求出发预测人才培养的规模、主要建设的内容、人才培养目标和课程设置，使应用型本科教育培养的人才能够与产业发展需求相吻合，适时动态调整专业集群内的专业结构。三是根据战略性新兴产业的发展方向，立足区域科技、产业基础，重点培育和发展适应区域发展的与现代新兴产业相一致的新工科、新医科、新文科、新农科专业。突出产出导向，重点培育符合地方产业发展的一流专业，建立有效的质量监控和持续改进机制，推动应用型人才培养质量的不断提升。

（一）结合区域产业发展，优化专业

"十三五"期间，许昌学院出台了《本科专业设置与调整管理办法》，从招生就业、师资队伍、教学科研水平、人才培养质量等方面对各专业进行综合排名，对排名后10%专业采取预警整改或隔年招生、停止招生等措施。五年来，根据国家和区域经济发展趋势，许昌学院先后增设了数据科学与大数据技术、信息安全、医学检验技术、知识产权、智能电网信息工程、新能源材料与器件、生物制药、药学等14个国家战略及区域行业急需的本科专业，停招了行政管理、日语、音乐表演等13个本专科专业。

（二）实施品牌计划，提升专业质量

根据《许昌学院教学改革与发展五年计划》，相继实施了"品牌专业培优计划"，结合专业认证、专业评估和"卓越人才培养计划"，培育能够起引领作用的优势专业和特色专业，整体提高专业建设水平。此外，以工程教育认证为突破，培育优势特色专业。实施"卓越人才培养计划"，支持各类人才培养试点项目和人才培养特区建设，探索人才培养的有效途径。

四、校地共建，搭建协同创新平台

校企协同搭建创新平台、汇聚创新资源，推动科技创新、产业创新、制度创新，积极推进成果转移转化。通过协同创新平台建设，引入企业先进实训技术装备，与企业共建实验室、实习实训基地、实践教学平台等，把企业的工程技术中心、产品研发中心等搬入学校，让教师和学生参与到企业研发过程。通过与行业企业建立全方位、多层次的合作，构筑协同创新共同体，激发改革创新的活力。

紧紧围绕区域产业发展与人才培养需求，完善校企协同人才培养机制，设立应用型人才培养专项资金，建设应用型人才培养基地，搭建校地协同创新平台，积极推进产、学、研深度合作。通过协同创新平台建设，邀请行业企业参与到学校人才培养方案制订、教学团队、教材编写、实践教学指导等人才培养的全过程，打造以平台为依托的责任共同体。秉承开放、融合、创新的理念，设立产、学、研合作重大专项，组织教师、学生与企业专家，通过高校、科研机构、生产企业的对接与合作，围绕企业技术需求，围绕"卡脖子"技术，积极开展联合攻关和技术创新。

五、人才强校，推动校地人才共享

充分发挥人才资源的战略作用，采取人才引进、培育、提高相结合的措施，加强产业人才需求预测，推动人才与产业、专业的良性互动，根据区域产业发展和应用型人才培养的需求，积极推进人才强校战略，构建柔性引进、重点培养、专兼结合，灵活多样的选人、育人、用人机制。

实现校地人才共建、共享。一是将人才政策与产业发展规划紧密结合，根据学科专业建设与产业发展的需要，结合当地人文与政策环境，考虑所需人才的层次、结构，大力引进高层次人才。二是学校与地方政府合作实施创新人才培育计划，与地方政府共同评聘地方产业需要、学术研究实力雄厚的高层次领军人才，共同打造高端创新团队，加快培育重点行业、产业、领域的应用型急需紧缺人才。三是校地共同实施人才交流计划，由政府和高校联合出台相关政策，鼓励行业企业专家到学校担任兼职教授，鼓励教师柔性进企业，以培训、兼职、挂职锻炼等形式，与企业开展横向合作，共同进行技术研发，解决技术难题，实现地方、企业和高校人才双向互动共建、人才资源共享，促进校地校企全方位交流合作。

六、围绕人才培养，实施"五育协同"

根据产业需求、岗位要求，对教材内容进行重构，编制"适用性"实践教材。重点围绕地方产业发展和人才培养的目标定位，从专业特色、企业需求及学生认知能力等多角度，按照工作任务编制应用型教材。在应用型人才培养上，对书院制进行改革，积极构建育人目标、育人主体、育人过程、育人资源及育人方式的"五育协同"体系。

为确保应用型人才的知识结构适应新业态和新技术的要求，积极构建与市场相适应的课程体系，对接岗位需求，打造包括核心课程群、技能课程群和特色课程群三类课程群。核心课程群培养学生的核心能力，技能课程群培养学生的实践动手能力，特色课程群培养学生适应社会发展需要的应用能力。三类课程群相互联系，课程群内的各课程立足"应用、融合、共享"，使课程与职场对接，共同构成应用型课程体系，确保高素质技术技能人才培养。

通过"理论与实践一体化"，打造具有高阶性、创新性和挑战性的课程。一是坚持立德树人，实施思政教育质量提升计划，设立思政课程和课程思政教学改革专项，推选学校特色优质课程，打造思政教育"金课"。二是强化专业教育，基于职业岗位需要，构建学科知识体系，使生产链与课程链有效衔接，以职业能力培养为重点，实现课程对接岗位，构建不同的知识学习、能力实践和素质教育模块，打造专业类"金课"。三是实施应用型课程建设计划，与企业合作，打造教学内容、教学模式与行业企业需求紧密对接的应用型"金课"。四是围绕素质培养，实施通识教育改革计划，重构通识教育课程体系，打造以"口语表达、创意写作、经典阅读、艺术实践"等为重点的通识课程体系，遴选校本精品通识课程，引进线上通识课程，打造通识类"金课"。五是积极开展校企合作，共同编写实践类校本教材，采用"教师+导师"的教学模式，以线上课程为主、线下精品课为辅，线上线下融通，开展全员创新创业实践，打造实践类"金课"。

加强应用型课程教学质量监控，合理组织专家听课、领导听课、同行评教、学生评教等评教活动，对应用型课程理念的融入、教师的基本功、教学方法、教学态度及内容等进行综合评价，提高应用型教师的授课能力。应用型高校要创造条件、完善教学管理，激励学生主动学习，热衷实践，引导每个学生成长成才。

七、多方参与，培养应用型人才

在人才培养方案、人才培养方式和人才培养模式方面，加强校企合作育人，推进人才培养体系的创新。一是在人才培养方案的制订上突出行业参与。结合职业资格和岗位素质要求，企业、行业共同参与制订对接行业能力素质要求的人才培养方案。紧密对接国家标准、工程教育认证标准、师范专业认证标准，不断细化人才培养目标、培养规格、核心能力，明确培养目标、毕业要求、课程及教学活动之间的相互支撑关系；通过重构课程结构、优化通识课程、突出核心课程、强化实践课程等，形成以"通识+专业+实践+创新创业"为基本构架的课程体系，凸显专业人才培养方案的"应用"特性。二是在人才培养方式上，突出合作育人。通过联合共建产业学院，探索资源要素互相转化、互相支撑、良性互动的教育发展新生态，打造多主体、多功能深度融合的新型办学实体。坚持"一院一特色"，鼓励二级学院通过人才实验班、创新班等形式，通过实施小班培养、校企深度合作、制订个性化人才培养方案，打造人才培养的差异性。三是在人才培养模式上，对接产业和生产过程，积极推进项目式、案例式、研究式教学，突出校地合作。坚持实践素质训练、专业技能培养、创新训练和综合实训"四位一体"，通过"课堂教学创新计划""实践能力提升计划"，构建以实践创新能力培养为目标的实践教学体系，培养学生的实践能力。在夯实基本实践和专业技能的基础上，增设"工程实训"实践模块。以学科竞赛为抓手，与相关企业合作开展学科专业竞赛，积极推广一院一赛、一院多赛。推行本科生导师制，鼓励教师带领学生开展课题研究，引导教师在教学内容、教学组织、教学手段、教学评价等方面改革，打造"高效课堂"，培养学生的实践能力和创新能力。

八、坚持以生为本，完善学业评价

在学业评价方面，突出多方参与、多元评价。树立为促进学生发展服务的发展性评价思想，把动手能力、分析能力和创新能力作为考核的主要内容。积极探索反思性评价、发展性评价、社会参与性评价，通过教师、社会和学生的多方参与，实行校企双方共同制定实验实训、课程设计质量标准，并将创新实验和设计等作为成绩评定的重要依据。在毕业（论文）设计答辩环节，要求学生采用多媒体课件、图像资料、实物模型和真实产品等形式对毕业（论文）设计成果进行全方位展示，校企双方共同对学生的专业实践能力、团队合作能力和社会责任意识进行全面评价。推动"以证代考""以赛代考"等考核方式，将学生的注意力转移到平时的学习实践中去，调动学生的学习自主性。

完善学业评价，以学生为中心，基于学生实际水平制订合理的学业评价方案。逐渐形成过程性评价、形成性评价、终结性评价三位一体的学业评价模式。通过丰富评价手段，由单一的考试逐渐转变为调研报告、口头交流、作品设计、书面考试等相结合的考核模式，激励学生动手实践，立足学校实际，利用好社会资源，坚持校地共建，校企合作，构建应用型人才培养体系，培养社会需要的应用型人才，提高应用型人才培养的质量。

参考文献：

［1］季诚钧. 应用型人才及其分类培养的探讨［J］. 中国大学教学，2006（6）：57-58，52.

［2］刘健，王春，李奎山. 应用型人才的层次及其实践环节的培养［J］.黑龙江高教研究，2005（8）：126-128.

［3］吴耀兴，陈政辉. 论应用型人才培养的内涵及策略［J］. 黑龙江高教研究，2008（12）：123-125.

［4］姚寿广. 行业技术应用型人才培养模式的设计框架及实施路径［J］.中国大学教学，2018（5）：33-36.

［5］吴国玺，李中轩. 新型高校"四维一体"实践教学体系的构建［J］.大学教育，2017（8）：153-154.

［6］吴国玺，闫慧，袁胜元. 高校转型背景下工学结合人才培养模式［J］. 通化师范学院学报，2015，36（3）：126-129.

第七章　地方高校产业学院建设

第一节　产业学院建设的基础

一、研究背景与意义

近年来，产业学院作为产教融合的一项系统工程，其研究内容得到了极大的丰富和发展，但是产业学院的建设涉及多元主体，其研究的空间和深度需要进一步拓展。一方面，我国产业学院的研究区域主要集中在珠三角、长三角区域；另一方面，随着社会经济的发展，中部地区研究不断增多。作为人口和高等教育大省，河南高等院校产业学院的相关研究相对薄弱。因此，以河南省产业学院建设为研究对象，产业学院定位、运行、评价，引导应用型高校发展，积极推进产教融合协同育人，具有非常重要的意义。

2020 年 5 月，河南省教育厅发布了《关于推进鲲鹏产业学院建设的指导意见》，先后有 25 所高校签约共建鲲鹏产业学院；2021 年 4 月，河南省教育厅等部门又发布了《关于推进高等学校产业学院建设的指导意见》，有 23 家高校产业学院获得首批省级重点现代产业学院。虽然其起步较晚，但是发展速度较快。在这种形势下，如何推动产业学院更好、更快的发展？如何促使产业学院更加有效地服务区域经济发展？这都是需要解决的重大问题。因此，通过对河南省高校产业学院系统研究，可以为政府部门进行顶层设计、政策支持等提供决策参考，同时，对于高校自身来说，也可以为应用型人才培养，促进社会服务，提供一定的建议。

二、建设的理论基础

2012 年以来，国家强调以产教融合、校企合作为突破口，鼓励地方本科高校向应用型转变，积极推动高校与地方产业、行业、企业对接。2017 年，国务院办公厅出台了《国务院办公厅关于深化产教融合的若干意见》，鼓励企业依托或联合职业学校、高等学校设立产业学院，促进人才培养供给侧与产业需求的全方位融合，培养大批高素质应用型和技能人才。2020 年 7 月，《现代产业学院建设指南（试行）》正式印发。该指南的发布标志着产业学院建设正式进入国家级示范项目推动的新阶段。

基于产教融合逻辑的产业学院建设，卢美园指出产教融合系统是一种非线性、自组织行为协同竞争的独立系统，系统内部动力和外源动力源于高校发展的内驱力、人力物力财力资源、教育理念以及政府行为、行业企业需求和校与校之间的竞争压力。杨善江从强调政府作用的角度出发，认为在产教融合过程中，学校、企业和政府三者之间的角色定位与作用关系符合"三重螺旋关系"。以知识创新为价值指向的学校教育和以技术革新为价值取向的企业生产，通过产教融合，人才培养，以"教"促"产"支撑企业技术升级；同时"产"的过程又会优化教学内容和培养模式，最终反哺人才培养，实现双方的共赢。

从理论层面分析，产业学院建设的目标是通过产教融合，将学校的科研团队与产业集群紧密对接，从产业链、创新链和教育链"三链融合"关系视角，创新合作教育模式，通过产业学院新组织与新制度的建立，形成知识集聚、共享、创新、应用的中心。培养具有新技术开发能力的高水平应用型人才，增强企业的竞争力。产业学院是我国高校人才培养供需结构变化的结果，是有效解决校企深度合作难题的新模式。它既不同于传统的行业学院，也不同于职业教育领域的产业学院，在功能定位、目标、合作模式和运行机制方面有着独特创新。可以说，产业学院在生成机理、运作模式等方面的研究还未达成理论共识。

三、国内外相关研究

从世界范围来看，产业学院建设最早发端于 20 世纪 90 年代英国倡导的"产业大学"。1998 年，英国着手策划和酝酿，2000 年正式运营，最早建设了具有产业学院性质的"产业大学"。邵庆祥认为，我国产业学院起步于 20 世纪 80 年代初，最初主要是在职业院校开展，是指独立的高职院校基于服务对象，在专业设置、人才培养、技术培训、技术咨询和开发等方面与该产业进行全方位、多层次的产学深度合作关系。随着国家相关教育改革政策的不断推演，产业学院在校企合作培养人才过程中逐渐成为多功能集合体，经过 40 多年的发展，已经成为独立运行的实体。但是，对产业学院的研究不多。以"产业学院"为关键词在 CNKI 进行文献搜索，可以发现共有 461 篇，其中国内文献 450 篇，2005 年出现第一篇。随后，到 2017 年经过了一个较长的缓慢增长时期，直到 2018 年，受国家产教融合政策的影响，研究成果才明显增多，2021 年达到了 168 篇（见图 7-1）。

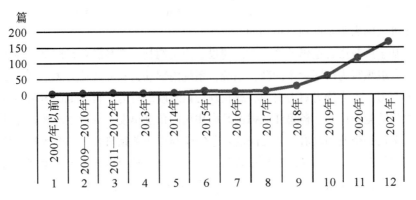

图 7-1　2007—2021 年关于"产业学院"发表论文数量统计

根据研究文献，李艳、王继水（2020）认为，我国产业学院研究主要经历了从宏观的类型概念构建、实际运行经验的理论总结到运行问题的深化理论研究三个阶段。第一阶段是产业学院研究的起步阶段（2007—2014 年）。这一时期研究的主体主要为高职教育管理者，研究对象为地方产教融合先试先行的实践经验总结，研究内容包括产业学院建设的必要性、功能、性质、特征、办学条件以及如何开展人才培养、合作办学等，属于产业学院模型设想阶段。研究范围主要限定在长三角与珠三角区域经济发展较快的浙江省与广东省。第二阶段是产业学院研究的成长阶段（2015—2017 年）。这一时期的研究对象虽然仍旧以高职院校为主，但是应用型本科高校建设产业学院也开始进入研究范围。从研究内容看，这个时期的研究也更加微观与聚焦，如产权、育人模式、人才培养模式、办学模式开始陆续出现，呈现出理论研究与实践经验总结并存的样态。第三个阶段是产业学院研究的发展阶段（2018 年至今）。这一时期的研究内容更为务实和深化。围绕产业学院进行的产教融合育人模式、运行模式、设计机理与路径选择等成为研究的重点内容，尤其是对地方本科产业学院的研究得到更多关注，研究的视角、范围更加多元。

学术界对产业学院的探究主要包括：一是内涵界定。周继良认为，产业学院是一种办学机构或组织，高校、政府及产业联盟等主体因各种功能的渗透、整合、共享而形成的一个整体系统；二是产业学院的育人模式主要涉及"双主体"（高校和产业界）或"双元"（学校和企业）育人模式；三是产业学院的组织建设包括形态特征和组织制度创新逻辑、产业学院和专业学院协同发展的"双院制"模式，以及多主体协同共建的新模式；四是产业学院核心竞争力的基本要素包括资源整合能力、独特的专业集群和高质量的毕业生，提出了高校产业学院核心竞争力的基本要素与提升路径。西方学者几乎很少对产业学院进行单独研究，相关的研究主要散见于"产教融合"这一主题上。如产教融合的重要意义、学校和产业之间的合作模式与做法、产教融合对学生学业、就业的影响关系等。

从理论上看，作为产教融合内容的一部分，有关产业学院的相关研究比较丰富，但是作为产教融合的一种新机制、新模式，现代产业学院的研究还有待完善，尤其是现代产业学院的内涵、特征、功能定位以及运行机理还缺乏深入的分析和把握，因此在实践上也造成很多高校在产业学院建设过程中仅注重形式，缺乏实质性的内涵建设和明显成效。

第二节　产业学院组织架构与运行机制和治理体系

一、建设目标和建设原则

（一）建设目标

根据国家和河南省经济社会发展需求，聚焦区域主导产业、支柱产业和战略性新兴产业，建设一批专业群与产业群契合度较高，产教联动深入、办学成效显著、具有一定特色的省级、校级现代产业学院建设点。有效对接产业链、创新链、教育链，实现校企之间的共享信息、人才、技术与物质资源，创新学校、企业之间挂职兼职教师评聘制度，实现学科专业集群与区域重点产业集群联动发展，形成新型人才培养模式，打造集人才培养、技术创新、科技服务、学生创新创业等功能于一体的示范性人才培养实体。

（二）建设原则

第一，育人为本。全面落实立德树人根本任务，牢固树立"学生中心、产出导向、持续改进"的先进理念，主动布局未来战略必争领域的人才培养，创新人才培养模式，推动人才培养与产业链、创新链紧密对接，造就一批符合产业发展实际的、具有创新精神的高素质复合型和应用型人才。

第二，服务产业。紧紧围绕河南省加快培育发展的新兴产业集群建设需要，精确分析学科专业与区域产业链、创新链的对应关系、供需要求，依托优势特色学科和一流专业，明确服务面向，实行差异化建设和发展，提高人才培养、科学研究与社会需求的契合度，着力解决人才培养供给与产业需求的结构性矛盾，切实提升学校服务区域产业转型升级的能力。

第三，合理布局。按照协调发展要求，鼓励二级学院打破学科专业壁垒，积极探索跨业界、跨学科、跨专业整合教学资源。根据河南省及区域经济转型发展攻坚和战略新兴产业布局，围绕重点新兴产业，构建与区域协调发展、凸显行业特色、打破专业壁垒、产学深度融合的应用型人才培养共同体。

第四，融合发展。坚持以跨界、融合为导向，促进产业学院功能集聚及融合，把产业学院打造成为集"人才培养、技术创新、科技服务、产业引领"于一体的新型办学实体，畅通校地合作渠道，促进资源要素互相转化、支撑有力，形成多元协同、融通共享的教育发展新生态。

第五，共建共管。充分调动地方政府、产业园区、行业协会、企业的积极性，多主体共建共管产业学院，理顺各方关系，明确各方权利、责任与义务，共享资源、共育人才、共创成果、共担责任。

二、产业学院组织架构

（一）产业学院的组织

产业学院是建立在校企合作、产教融合基础上的产教融合新机制、新模式，旨在改进传统校企合作中企业融入性差、难以满足产业人才培养的需要。作为对接产业联系紧密的需要，高校必须建立完善的组织体系，保障产业学院高效运行。

根据实际情况产业学院可以有多种运行模式，如产业学院校企双方深度合作模式。在这种模式下，产业学院的所有专业与合作企业及所在行业的产业链实行一一对接，合作企业融入性较好，全程参与支持行业学院筹办与过程管理，并允许合作企业对产业学院进行冠名，真正实现校企双方共建共管、共担共赢。还有一种模式是产业学院部分专业与合作企业深度合作，通过订单培养，共建实验班、产业班等方式进行，允许合作企业对成立的产业班、实验班进行冠名。

根据产业学院的合作模式，组建科学合理的产业学院决策机构应该注意以下三个方面。一是在人员的组成上，应该吸收校、企、政、园等多方人员的参与；二是机构的设置应遵循扁平化原理，减少科层化管理，这样有利于人才联盟共同体的形成；三是依法治理，加强机构内的制度建设，完善制度供给。产业学院可以采取理事会领导下的院长负责制。院长由学校任命，全面负责学院日常行政工作，在具体的机构设置、人员管理以及资源配置等方面拥有自主权。理事会成员经双方商议共同选定，主要负责制订产业学院发展目标和规划、人才培养方案、利益分配与财务管理、人事考核评价制度、平台建设等重大事项。另外，由于涉及业务领域较广，还需建立各种治理分委员会来分担和支撑理事会、院长的决策与行政工作。

（二）产业学院的分类

根据产业学院的合作形式，可以将产业学院分为政产学研型、校企合作型、政企合作型、校会（行业）合作型四类。政产学研型是由政府、企业、学校、行业多方参与联动的合作育人模式；校企合作型是在学校和企业双方合作基础上形成的，是目前全国所有产业学院中最常见的一种合作形式；政企合作型是学校与政府合作共建的产业学院，是带动地方经济文化发展，建立区域经济文化特色的重要途径；校会（行业）合作型是学院与行业协会合作建立的产业学院，与校企合作型相比，它服务面向的产业更加广泛。根据产业学院的运行模式，可以将产业学院分为校企整合型、引企入校型、入企建设型三类。校企整合型产业学院是利用校内资源搭建平台，联合现有实验室资源建设"教室—实训—生产"为一体的实训平台；引企入校型产业学院是通过引进一家或多家行业企业入校，设立的校内实训中心或研究院；入企建设型产业学院是通过利用企业的实际生产环境和实验设备，将学院的实训平台建到合作企业内部或者是跨企业的复合型学院。

无论何种组建方式，都将更好地把企业研发的最新技术及时融入学校教学内容中来。根据产业的特点和学校的现实条件，双方以最合理的方式优势互补，培养应用型人才、"双师型"人才梯队，建设优势特色突出的高水平应用型大学，引领产业转型升级，服务地方经济发展。

三、产业学院运行管理

完善产业学院组织机构与运行机制，成立多元主体共建共管的组织架构，明晰各方主体职责范围、任务分工。探索理事会、监事会等综合治理模式，赋予产业学院充分的人权、事权、财权。强化产业学院制度供给，坚持依法治理，规范治理，建立健全产业学院章程、理事会章程、教学和科研管理、绩效评估等配套制度。通过合理构建组织机构，完善管理体制和运行机制，理顺产业学院内部结构关系，调动各方主体主动参与产业学院建设的积极性，形成产业学院自我激励、自我发展、自我约束的良性运行机制，提高办学水平和效益，促进产教深度融合。

在人事管理上，根据发展目标合理制订用人计划，完善人才引进机制，以目标定岗位，给产业学院更多的人才引进自主权。推进产业学院师资队伍分类管理，双轨管理。调动现有教师的工作积极性，把人才聘任、考核、绩效分配等权力交给产业学院，提升产业学院的调控能力。在绩效管理上，产业学院内现有在编教职工、人事代理教职工享有与学校其他同类教职工同等工资福利待遇，其绩效工资按产业学院绩效工资发放办法执行。建立健全产业学院教职员工绩效考核与分配制度，以目标管理和绩效考核为重点，将绩效与岗位职责、工作业绩、实际贡献等直接挂钩，加大绩效奖励力度。

在工作机制上，根据产业学院的特色，加强教学质量管理，准确评价教师教学质量，规范教学文件，制定科学合理的教学标准、课程标准，适应于生产与教学高度衔接的教师教学质量考核管理机制。

在实验实训室建设方面，打破资源配置上的院系分割，整合优化校内外实验资源，联合企业建立实验实训平台、基地、中心，满足产业学院人才培养及科学研究的需要。加强实验实训室建设，规范实验实训室管理，提高其共享度、利用率，保证产业学院实践教学和科研活动的正常开展。以此为基础性平台，根据企业服务需要，为企业创新提供智力支持和技术支撑。

在充分协商的基础上，明确产业学院的发展愿景与目标，制定总体目标和年度目标规划，以此建立目标管理制度。通过构建产业学院建设指标体系，对产业学院进行宏观管理和指导。依据产业学院的发展制定产业学院战略目标，依据绩效目标建立配套的绩效考核管理制度，定期对照考核目标检查任务完成进度，实施绩效考核，保证产业学院的可持续发展。

四、构建产业学院治理体系

（一）校地协同共建产业学院

校地协同是指政府、学校、行业和企业四方协同共建产业学院。根据对区域经济及行业产业的综合研判，结合高校自身发展实际，兼顾职业院校服务社会办学公益性、地方政府社会发展行政指令性、行业协会参与市场性及企业经营生产经济性等利益诉求，按照市场化运作规律组建政府、学校、行业和企业四方参与的产教融合型办学机构，构建"政、校、行、企"四元主体协同组织架构，形成教育资源统筹建设、教学生产组织实施全程参与治理、机构获益促进共享发展的共建共治共赢的产教融合新机制。

（二）完善体系提升治理能力

全面深化产教融合校企合作，推动高等教育综合改革，关键在治理体系构建与治理能力提高。积极开展对资源共享机制、协同育人机制以及联动发展机制的探索，推进产业学院治理体系建设。坚持将现代产业学院建设作为推进应用型高等教育建设、体制机制改革和人才培养模式创新的重要策略，按照专业群对接产业链方式，由政府、行业企业和高校共建产业学院，在国家政策及职业教育理论的引领下，整合政府、学校、行业、企业及社会资源，遵循利益相关者理论，制定现代产业学院建设的各项规章制度，明确参与主体的权、责、利，调动企业参与建设产业学院的积极性，加强专业群制度化建设和规范化管理，完善考评机制，树立奉献意识，提高工作的执行力和效率，增强教职工的责任感和归属感，构建和谐高效的治理体系。

探索实践形成以产教融合问题为导向创建多元主体培养环境、以章程为根本共建多元治理基层组织、以制度为关键组建学生中心运行系统、以方案为基本创新产教融合培养模式，构建对接产教融合生态环境"做实"产业学院治理体系、对接共建共治理事会模式"夯实"治理结构、对接以学生为中心理念"抓实"治理机制、对接人才培养质量需求"落实"治理能力的产业学院特色"四实"治理体系，实现现代产业学院规划制定、资源统筹、产教融合实施及人才培养质量的综合提升。

第三节　产业学院建设的任务

一、创新多元人才培养模式

一是产业学院应围绕应用型人才培养目标，把握市场需求，精选相关行业，对接优势企业，以校企共同制订人才培养方案为主要抓手，以课程体系改革和实践教学体系改革为突破口，突出行业特色，搭建开放式培养平台，培养理论与实践相结合的应用型专业人才。二是面向智慧城乡建设主导产业，积极进行"产教融合、校企合作、工学结合、知行合一"的协同育人模式探索与实践，不断创新校地融合发展的体制机制。

二、打造高质量学科专业集群

产业学院应围绕区域经济重点发展战略以及新兴产业链、支柱产业链进行布局，通过改造升级传统专业、积极建设新兴专业、大力培育跨学科专业等方式，着力推进新工科、新文科建设，推动专业内涵式发展。适应新一轮科技革命需要，整合相关学科专业结构、资源，着力打造特色优势专业，推动跨学科、跨专业的专业集群发展。

三、构建校企融合式课程体系

根据应用型人才培养的需要，全面改革课程体系，加大特色应用型课程建设力度，引导行业企业深度参与教材编制和课程建设，将行业企业共性技术充分吸收与融合在课程体系中，设计课程体系、优化课程结构。通过更新课程内容、设置前沿理论课程和应用实践课程，打造校企合作课程等方式，让学生有机会接触到前沿成果及行业产业最新发展态势。

四、构建产、学、研、创实践平台

根据行业企业的生产真实技术和流程，构建多学科的教学科研平台及实验实训实习环境。优化整合校内外优质育人资源，结合专业发展和企业需求建立一批多学科融通共享的实验教学中心、实训中心、工程技术中心、培训基地，搭建"多元协同、功能集约、共享开放"的产、学、研、创实践平台。

五、加强专兼结合师资队伍建设

创新用人机制，通过年薪制、PI制等，吸引一批优秀的企业人才到高校任教。建立稳定高效的"双师型"教师培养制度。鼓励骨干教师通过企事业兼职、挂职、培训指导、合作研究等方式，加强对教师工程实践能力的培养。改革产业学院教师职务评聘制度，将企事业实践经验、经历以及取得的应用成果作为晋级高一级职称评审的必要条件。借助产业学院校企深度合作，积极聘请引进行业企业中的优秀管理人才、科研人才作为兼职教师，提高"双师型"教师比例。打造"双师型"教师团队，通过设置产业学院教师工作室（坊）、名师工作室、专家工作站等，组建不同系列的教学团队、科研团队、服务团队等，鼓励团队教师各展所长、各尽其能。

六、推动科技成果转移转化

融入地方经济社会发展，深化与地方龙头企业的战略合作，搭建服务地方产学研合作平台。围绕产业关键技术、核心工艺和共性问题实行团队化作战，加快产品研发，促进成果转化和项目孵化。实施成果转化奖励和收益分配办法挂钩，调动科研人员提高成果转化的积极性。将产业学院建设成人才培养基地、创新创业基地和科研成果转化基地。

参考文献：

[1] 卢美圆.基于耗散结构理论的高等职业教育产教融合动力机制研究[J].教育与职业，2016（20）：11-14.

［2］杨善江．"产教融合"的院校、企业、政府角色新探：基于"三重螺旋"理论框架［J］．高等农业教育，2014（12）：117-119.

［3］邵庆祥．具有中国特色的产业学院办学模式理论及实践研究［J］．职业技术教育，2009，30（4）：44-47.

［4］李艳，王继水．我国产业学院研究：进程与趋势：基于CNKI近10年核心期刊的文献研究［J］．中国职业技术教育，2020（3）：22-27.

［5］周继良．现代产业学院的组织属性与制度创新［J］．内蒙古社会科学，2021（3）：197-204.

［6］朱为鸿，彭云飞．新工科背景下地方本科院校产业学院建设研究［J］．高校教育管理，2018（2）：30-37.

［7］励效杰．产业学院的制度逻辑及其政策意义［J］．职业技术教育，2015（31）：49-52.

［8］崔彦群，应敏，戴炬炬．产教融合推进应用本科"双主体"产业学院建设［J］．中国高校科技，2019（6）：66-69.

［9］杨欣斌．基于特色产业学院的校企双元育人模式探索［J］．中国职业技术教育，2019（31）：10-13.

［10］胡文龙．论产业学院组织制度创新的逻辑：三链融合的视角［J］．高等工程教育研究，2018（3）：13-17.

［11］王云儿．产教融合背景下的"双院制"模式［J］．高教发展与评估，2019（3）：82-87.

［12］刘国买，何谐，李宁，等．基于"三元融合"培养应用型人才：新型产业学院的建设路径［J］．高等工程教育研究，2019（1）：62-66.

［13］孙振忠，黄辉宇．现代产业学院协同共建的新模式：以东莞理工学院先进制造学院（长安）为例［J］．高等工程教育研究，2019（4）：40-45.

［14］宣葵葵，王洪才．高校产业学院核心竞争力的基本要素与提升路径［J］．江苏高教，2018（9）：21-25.

第八章 地方高校应用型专业及专业集群建设

专业建设直接反应在人才培养领域,一切教学活动的开展无一不围绕着专业进行,它确定了学校在资源配置、主要研究领域、人才培养重点等方面的基本方向,同时它也是评价一个学校水平的客观尺度。专业设置及专业结构受经济政治文化的制约,反映了一定时期的科技水平、经济文化发展,尤其是反映了产业结构、社会分工对高级专门人才种类、层次、规格的要求以及对人才培养知识、能力、素质的要求,是高校人才培养成效及实现服务社会功能的关键环节。因此,如何科学设置专业、优化专业结构布局、实现专业良性发展,不仅是高校应对当前经济社会发展、产业调整升级的迫切要求,也是高校自身改革与发展的应有之义。

第一节 应用型专业建设的现状

地方高校首先要以区域经济和社会发展的需求为根本,以满足本地区经济社会发展为最终目标,精确把握及合理预判地方经济发展需求,使其提供的智力服务能够引领地方发展,落实到人才培养,对接产业,建设应用型专业。

一、应用型专业建设的内涵

根据专业所依托学科属性,国内不少学者将专业划分学术型专业与应用型专业两种类型。谢维和认为,学术型专业和应用型专业可以按照专业建设过程中对基础学科或者应用类学科的积累要求进行判定,如果对基础学科的积累要求较高,就可以判定为学术型专业,反之则为应用型专业。以此为依据,他认为,工学、医学、经济学、农学、管理学、法学和教育学等学科属于应用学科,这些学科更加注重知识在社会发展中的转化和应用;哲学、理学、历史学和文学等基础学科属于学术类型，这些学科更加关注学科自身理论和知识的发展进步。朱科蓉指出，学术型专业与应用型专业的划分，应该依据该专业所培养的人才类型来确定。高校对专业人才培养目标的定位差异，会导致有不同的专业类型。以学术型人才作为专业培养目标定位培养时，这类专业可视为学术型专业，当以应用型人才作为专业培养目标定位培养时，这类专业可视为应用型专业。根据这个划分依据，高职高专院校的全部专业、地方本科院校的绝大部分专业都应该属于应用型专业。

学者孔繁敏提出，"应用型专业是指按照社会经济发展实际需要设置的，以培养适应生产、建设、管理及服务实际工作需要的应用型人才为目标的专业。"无论是高职专科，还是应用型本科，两者皆以培养应用型人才为目标，着重培养学生将理论应用于实践的能力。但不同的是，应用型本科在人才培养规格上更加注重人才的复合型，强调知识掌握的广博性和融合性，强调知识的吸收、转化、应用能力和一定的后续发展能力，强化实践教学，提高应用能力，在专业教学上突出实用型和综合型。

袁海霞把应用型专业内涵和特征界定为以下五种。一是应用性：专业人才培养方案必须以应用性技术和技能培养为主题；二是实践性：始终坚持理论知识学习与实践训练相结合；三是创新性：以技术、技能为基础，增强创新意识，提升创新能力；四是市场性：结合市场需求进行专业教学、实践实习，增强就业核心竞争力；五是统一性：完善人才培养链条，保持教学、实践实习、就业实训和就业去向的统一性。从以上研究可以看出，虽然学者们对应用型专业的解读有所不同，但对其显现出来的核心特征有许多共识，如应用性的价值取向、实践性的培养过程、地方性的服务面向、市场性的评价导向，等等。

（一）应用型专业与人才培养的内在逻辑

在人类社会发展史上，大学职能虽然历经演变，也在不断丰富和发展，但其顺序和重要性仍旧是有区别的。人才培养是大学与生俱来的职能，也是最根本的职能，离开了这个职能，高等教育便不复存在。科学研究作为大学的第二职能，是大学区别于其他层次学校的本质特征，是实现专业性教育的客观需要，也是有效服务社会尤其是现代经济发展的强力支撑。作为前两个职能的派生与拓展，服务社会的功能在现代社会中愈发重要，使大学获取了更多的资源集聚，形成大学发展的外源动力。虽然人们对不同类型高校的发展定位认识有所不同，但是对大学应该以人才培养为中心的认识是一致的。这也是大学之所以基业长青的根本所在。在任何时候，无论大学的职能出现怎样的扩展和延伸，专业人才培养的大学根本职能始终都不会改变。正如南开大学龚克教授所认为的："要建设世界一流大学，必须咬住'育人'不放，不能为那些肤浅、表面的东西所蒙蔽。我们往往把高等教育的各种功能并列着讲，把人才培养看成是好几种功能的几分之几，我觉得这样的定位，影响了我们的大学真正作为一所大学向着一流迈进。……高校改革的方向也要朝这去，要把学生当主体，调动学生学习、教师育人的积极性，建立起面向现代化、面向世界、面向未来的育人体系和评价标准，而不是在表面上做文章。"就地方高校来说，必须坚守人才培养的本职工作，牢牢抓住全面提高人才培养能力这个核心点，根据地方重点产业战略进行专业布局，培养满足地方需要的应用型人才，这是学校发展的根本逻辑。

正如前面所提到的那样，专业作为高校鲜明的组织特征，是培养人才的基本载体，任何类型的人才培养都需要在某个学科专业的具体环境中完成，这个环境由专业的建设理念、培养模式、课程体系、师资队伍、发展平台等多要素构成一个相对稳定的系统，如果这个系统环境具有强烈的学术性或应用性特征，毫无疑问在这种专业环境中接受培养教育的学生也会相应地显示出学术性或应用性的气质、能力和素养。也就是说，人才培养类型最终需要统一到专业类型这一主线上。那么，对于地方高校来说，应用型人才的培养需要立足于应用型专业的教育去实现，而人才培养能力的提高更需要借助高质量应用型专业的建设和打造。

（二）应对区域经济转型升级的外在诉求

教育的发展离不开经济发展，尤其是生产力的发展，因为现在教育也把经济与生产作为它的基本"市场"，只有培养的人才获得市场的"青睐"和"认可"，它才能从经济和生产的发展中获得回报，攫取发展的基本动力——需求的动力。劳动力的规格受制于社会生产力水平和方式；同样，人才培养的规格，尤其是人的知识、技能和态度也受其制约。具体表现在：一方面，产业结构的发展变化对产业专门人才提出了相应的要求，从而引起高校专业结构的变化和调整；同时，区域经济社会的技术结构也往往决定着地方高校专业的层次结构。随着产业结构升级和技术革新，企业对劳动力素质要求的提高，专业的层次结构也受到影响而有所提高。另一方面，经济的增长与科技的进步引起社会对劳动力需求的变化，进而导致职业结构的重组，而这一变动也必然影响到专业教育，即当社会有某种职业需要且达到培养必要时，就需要设置相应的专业进行人才培养。

目前，新一轮产业变革和科技革命已经悄然而至，且对世界经济格局产生了颠覆性的影响；面对全球产业格局的调整，中国积极谋划，主动布局，经过改革开放 40 余年积淀，我国社会生产力、科技实力、综合国力和国际竞争力均迈上一个大台阶，但仍旧存在发展不平衡不充分的突出问题。地方经济发展进入瓶颈期，区域竞争力的培育是知识经济时代下地区经济发展的动力，区域科技创新和知识溢出是区域竞争力成长的源泉。经过对地方经济新一轮产业特征分析，可以发现目前经济转型与升级是两大主要趋势。经济升级的核心是通过劳动力的技术革新，推动传统产业持续创新；经济转型的核心是通过劳动力的技术迁移，促进产业结构的更迭调整，换取新型产业的发展空间。无论是转型还是升级，都离不开人才这个核心要素。因此，面对这样的区域经济发展现实，应用型大学应该充分把握大势，主动融入产业转型升级和创新驱动发展，面向地方，面向现代生产服务一线培养高素质、应用型、创新型人才，为国家及区域经济提供人才支撑和智力支持。

由于高等教育分类标准的欠缺，很长一段时期，中国高校陷入了模仿性同构的局面，反应在人才培养领域，就是"千校一面"。所以，本科高校都按照传统研究型大学的人才培养模式进行建设，完全忽视了国家、地方对不同类型不同层次人才需求的现实，结果造成应用型人才供给不足等问题，高质量应用人才紧缺成为制约中国经济转型升级的瓶颈。在此背景下，迫切需要有地方高校能够从服务创新驱动发展、适应和引领经济发展新常态的大局出发，将教学、科研和社会服务的重点放在满足区域经济发展需求和技术技能创新上。必须从政策层面坚定地方普通本科高校向应用型高校转型发展的决心。因此，地方应用型高校的服务应当面向区域国民经济命脉行业和新兴产业，在服务区域经济中找到目标方向、实现价值提升。而上述目标需要地方高校建立学科专业与区域产业成长良性互动的机制，主动对接区域产业升级，着力加强应用型专业建设，在培养高水平应用型人才上凸显自身的区域优势与特色。

二、应用型专业建设存在的问题

地方高校专业建设中的问题具有一定的普遍性，如专业规模过大、专业结构在一定程度上存在失衡、专业设置同质化等问题。除此之外，应用型专业本身还存在以下四个比较突出的问题。

（一）对应用型专业内涵建设认识不足

内涵建设是提升人才培养质量的重要保障，更是专业建设的必然要求。前些年虽然不少高校都明确了应用型人才培养定位，并进行了专业改造和升级，但是由于大学分类评价改革体系滞后和应用型高等教育理论发展滞后，地方高校对应用型专业的内涵认识有限，到底是什么样的建设成效才能达到应用型专业建设的标准，或者说应用型专业建设指标到底有哪些，不少高校缺乏较为深入的思考。目前，关于专业建设评估指标的研究很多，但是关于应用型专业研究的很少。应用型专业与学术型专业有明显的边界，要更多结合自身定位、与产业的联系以及对区域经济的贡献度等，与当地政府、企事业单位、经济产业结构、地域特征、人才培养等有机结合，建立起地方高校应用型专业的评价指标体系。但目前高等教育领域学术权力主导的专业评价机制并未因为大环境的变化发生根本性变革，教师嵌入学术权力体系的深度远远大于学校对于地方工业部门的依赖程度。

（二）专业与地方产业匹配度不高，缺乏前瞻性

陈光亭认为，应用型大学由于受到"资源配置的国家中心模式"和高等教育体系差序格局的影响，学校在内源动力和外在压力共同作用下被制度性同构机制"锁定"：一是政治影响和合法性问题导致的强制性同构，二是对不确定性的一致响应导致的模仿性同构，三是与专业相关的规范性同构。不少高校根据市场的短期需求设置专业，社会需要什么职业岗位，学校就匆匆上马或建设一些与其匹配的专业（方向），或者简单回应以国家政策导向，对当地的资源优势和地方经济的发展特点尤其是重点产业走向缺乏科学研判，在人才培养类型与层次定位、服务区域定位等问题上不能正确解决，短期行为比较严重。以河南省为例，"十三五"期间河南省地方高校新增部分专业布点过多、过于集中。如数据科学与大数据技术专业新增 36 个，商务英语专业新增 18 个，电子商务专业新增 14 个，物联网工程专业新增 12 个，机器人工程专业新增 12 个，相对于其他专业布点数量增加缓慢。此外，从省级一流专业建设来看，2019 年立项的省一流专业 275 个，其中基础专业有世界史、哲学、历史学、音乐学、英语、教育学等 121 个，占比为 44%，与河南省重点发展行业领域相关度较高专业 153 个，占比为 56%，一流专业中对装备制造产业的支撑度最高的相关专业 27 个，对信息技术业的支撑力的相关专业 22 个，对食品产业、冶金建材等传统产业、养老服务、家庭服务等产业领域支撑较少，对商贸流通、重点突破"三对接"优势产业链的支持仍旧处于真空。从以上可以看出，新兴专业较少，应用型专业与区域产业匹配度不高且支撑的产业领域过于集中，这样导致的直接结果就是，一方面部分专业学生市场迅速饱和就业受到影响，另一方面部分产业领域的当地企业招不到合适的毕业生，这种做法严重影响了我国地方高校的发展。

（三）专业建设地方融入性不强，缺乏竞争力

对于地方高校来说，积极主动融入地方，真正将专业建立在地方产业链的

各个层次，才能获得企业、政府等重点支持和长久的建设生命力。这就需要从专业设置、培养目标、课程体系、培养规格、培养途径等方面能够反映当前社会经济发展的要求和岗位对接，强调社会参与，把产教融合作为应用型专业建设的立足之点，真正实现"以教促产，产教融合"。但是，不少高校的应用型专业建设并未深植地方经济，还存在产教脱节、协同育人乏力的现象。如一些专业与社会职业岗位虽然接轨但不紧密；产教融合徘徊于"跑马圈地"的阶段，深层融合不够；课程体系和内容虽然进行了更新，但针对性不强，尤其是校企合作的应用型课程的比例较小，面向地方经济文化或行业、企业需求的特色课程薄弱，双方并没有针对专业的人才培养规格进行有效的教学设计，相较于传统专业并没有实质性课程重构；实践学分的比例虽然有所增加，但实践教学及评价体系不够完善，校外实训基地的资源优势和功能没有得到充分发挥；社会参与缺乏制度性安排等，这些问题直接影响了应用型人才培养质量，难以支撑为地方经济社会发展服务的高水平大学的发展目标。

（四）应用型专业建设与学科建设相脱节

对于地方高校来说，学科理论自主研发能力较低是一普遍特征，因此在以培养应用型人才的过程中，通常比较关注专业建设，不自觉地把学科与专业对立起来，认为学科是研究型大学的专属领地，地方高校应该从更为擅长的教学出发，关注自身的专业建设，因此习惯性地排斥学科建设，造成学科建设普遍落后于专业发展。尤其是在一些新兴专业的设置过程中，存在不顾自身原有学科基础盲目设立专业的情况，导致专业缺乏相关新兴学科依托，发展后劲不足，无法形成自己的优势和特色。正如只有一流学科才能孕育一流专业，本科专业与高职高专专业建设最大的不同之处就在于不能脱离学科办专业。对于本科专业来说，专业之间的内在联系不仅仅是单纯的职业关联，还有更深层次的学科关联。学科建设对于高校专业建设来说起到了思想引领的作用，学科领域的探索研究成果尤其是建立在产业链、创新链上的基础研究、应用研究，为高校设置适应社会发展需求的专业以及专业长足发展提供了理论依据，离开了学科的支撑和滋养，专业建设就成了无源之水、无本之木，所谓专业的更新升级、交叉融合便无从谈起。

三、应用型专业建设的成效

经过近十年的实践探索和不断改革，围绕建设高水平应用型本科高校的办学目标，地方高校通过内涵式发展、创新发展、特色发展，不断推进学科专业改造提升优化，应用型本科专业建设已初见成效。

（一）高校整体专业布局结构的调整加速

长期以来，地方高校的人才培养一直沿袭着传统研究型大学的老路，表现在学科专业领域，就是始终以学术性研究大学的学科专业布局为模仿对象，一味地追求大而全，开设了很多前期投入少、重复率较高的专业。这种格局从表面看来似乎形成了一种规模效应，但实质上专业的优势与特色却并不明显，学科与专业、市场之间的联动支撑较为欠缺，很多专业的设置由于缺乏充分的市场调研和论证，人才培养成效有限。转型发展以来，全国大部分地方高校开始向应用型高校转变，在人才培养目标、专业设置、科学研究等方面也都朝着应用型方向发展。这一时期，各地方高校在深刻反思过去学科专业建设的基础上，逐步坚定了市场需求取向，纷纷进行了专业结构布局的优化调整。

一是逐步建立了较为完善的专业动态调整机制，将"市场—招生—培养—就业"紧密结合起来，形成了较为灵活且适度竞争的专业资源配置模式。通过专业评价、专业预警对学校的专业进行社会性效益分析，对不同警示级别的专业进行实行优先发展、谨慎发展、限制发展等，提升专业内部竞争发展的动力，保障学校资源配置的优化。二是通过新建、停招、撤销等方式，对现有专业结构进行重新布局，对一些缺乏学科基础、市场对接口径较窄、招生就业较低的专业予以停招或减招，稳定专业整体规模，提高存量质量。三是通过新建、改造提高应用型专业、校企共建专业占比。直接服务于地方实体经济的专业、应用型导向的专业占比直接体现了应用型高校的特点。为此，以应用型专业教育为基础，地方院校通过开设国家与地方发展需求的新专业，传统专业向新兴专业、交叉型专业的转型等手段，有力推进了应用型专业建设，逐步形成了多学科相互支撑的应用型学科专业体系。

结合各省对应用型大学或转型发展示范校的建设标准来看，大部分地方高校的应用型专业占学校专业数的比例至少达到70%。这从近年来教育部下发的《普通高校学校本科专业备案和审批结果的通知》中也可见一斑。据有关数据统计，从2014年到2018年，大学本科专业出现了11 458次调整，其中累计新增专业10 467次，撤销专业991次，工学专业在新增和撤销专业数量中位列第一。河南省近三年新增工科本科专业点184个，占全部新增专业（403个）的45.7%，其次是管理学（50个）、艺术学（38个）、文学与经济学（分别为30个）。其中，增长最快的三个专业依次是数据科学与大数据技术（40所）、机器人工程（14所）、人工智能（11所）。从以上数据可以看出，各高校正在根据社会、经济积极主动地优化调整专业结构及布局，尤其是着力发展新兴工科专业。

（二）专业建设的区域优势及特色逐步彰显

第一，在建设应用型专业的征程上，各高校根据自身发展情况，在不断优化专业结构和资源配置的前提下，根据"注重应用、服务地方"的学科专业发展定位，在人才培养目标、师资结构、课程体系、教学方法、评价方法上积极开展系统改革与实践，更加强调人才培养中服务地方经济、文化的导向，更加注重学生应用实践能力的培养。如合肥学院的模块化教学改革探索，改变了以学科为主的课程设置方式，根据人才培养的不同岗位能力进行功能性模块化课程的重构，有力地解决了学生能力不足的问题；齐齐哈尔工程学院的应用型课程建设，以"四真三化"为实施要领，强调课程要基于真实环境、真学、真做、掌握真本领，工作任务课程化、教学任务工作化、工作过程系统化，从课程定位、课程设计、课程实施、课程评价进行系统设计改革，解决了应用型人才培养中理论与实践脱节的问题，形成了自己的特色和品牌；西安欧亚学院的翻转课堂，将传统"课前预习—课上讲解—课后作业"的教学过程转变为"课前自学—课上作业与指导—课后强化或矫正"的学习过程，不但对课程教学模式进行了重新阐释，也促使以教为中心到以学为中心的彻底改变；黄淮学院的合作发展联盟，以深化产教融合为抓手，推进校企、校地联动发展的人才培养创新驱动发展体系，已成为助推地方开放发展的高地。总之，地方高校在某一方面的实践探索，在应用型人才培养方面做出了成功示范。尤其是随着OBE理念的不断深入和推行，地方高校对人才培养的各个环节按照"产出导向"基本思路进行一体化设计和优化整合，逐步形成了稳定的人才培养体系。

第二，强调政府、产业、企业、学校之间的资源共享与协同共建，构建差异化的应用型人才培养模式。从传统的校企合作、订单式培养到近几年的创新实验班、工作室、行业学院、产业学院等，反映了地方高校在应用型人才培养模式上进行了卓有成效的探索和创新。这从各省公布的省级产业学院建设名单中可见一斑，如河南省、广东省、江苏省等地方应用型本科高校产业学院占据了名单中的半壁江山。以常熟理工学院为例，作为在国内率先提出并实施"行业学院"模式的高校，自2009年以来学校面向当地行业及骨干企业，先后建立了光伏科技学院、国际服务工程学院、康力电梯学院、汽车工程学院、纺织服装行业学院、医药生物技术行业学院、智能制造行业学院等在内的一批特色鲜明的行业学院，通过不断创新与行业企业的合作育人模式，提升高水平专业性人才培养质量，成为学校应用型人才培养的一张"名片"。

第三，强调根据各地市的龙头、特色产业及经济态势，重点建设应用型特色、品牌专业。教育部2019—2020年"一流专业"名单中，地方赛道共计

4 953 个，确定的省级一流本科专业建设点已经达到 10 658 个，其中应用型专业的数量占据绝对优势。以河南省为例，2020 年公布立项建设的国家一流专业建设点共计 149 个，除物理学、生物科学、地理科学、历史学、音乐学、英语、教育学等自然人文基础专业外，应用型专业比例高达 85%。一些地方区域高校如东莞理工学院、浙江万里学院、临沂大学、常熟理工学院、中原工学院的一流应用型专业引人注目，其辐射引领的作用逐步显现。

（三）专业建设与人才培养的质量提升

地方高校的专业核心竞争力最终集中体现在人才培养质量上。对于应用型人才培养来说，毕业生专业素质高，动手能力强，能够得到用人单位的普遍认可是其重要的考量标准。2012 年，教育部对高校毕业生就业率进行的统计排名显示从高到低依次是"985 工程"大学、高职院校、"211 工程"大学、独立学院、科研院所、地方普通高校。另有资料显示，当时地方本科高校毕业生半年后就业满意度不到 50%，工作与专业相关度仅为 64%，超过 1/3 的毕业生在半年内发生离职行为。那么，经过这些年的应用型专业建设之后，地方院校尤其是新建本科院校毕业生的培养质量有何变化呢？以地方高校中的新建本科高校为例，据《中国新建本科院校质量报告》，"十二五"时期，新建本科院校就业率保持了 90% 的高位水平，近七成的毕业生进入了行业企业一线，用人单位对新建本科院校本科毕业生的总体满意度达到 90%。另外，学生的专业素质和创新能力也得到了大幅提升。从中国高等教育学会发布的《2015—2019年全国普通高校学科竞赛排行榜》《2019 年全国普通高校学科竞赛排行榜》来看，一些地方应用型本科院校的表现也十分突出。如厦门理工学院、重庆科技学院、合肥学院、惠州学院、宁波工程学院、南阳理工学院、洛阳理工学院等40 余所地方学院进入全国前 300 名，东莞理工学院更是从 2015 年的 287 名提升到了 2019 年的 88 名，说明学生专业理论与运用、创新与创业能力大大提升。

第二节　高校应用型专业的重构

高等学校专业的重构突出表现在专业布局和类型的重构、专业目标及定位的重构、专业建设中各内涵要素的重构以及专业培养方式的创新等。那么，基于地方本科高校的发展定位，立足当下应用型专业建设实际，我们认为地方高校应用型专业建设必须在目标定位、自我优势认知、机制体制三个方面进行谋划。

一、以"四新"为着眼点，重构专业布局

关于重构专业布局的研究，何绍芬（2011）认为，地方本科院校应用型专业建设应精准化培养高级应用型人才，以应用型专业建设为前提，改进专业布局是重点，加强特色和品牌专业建设是支撑，学科建设是基础，优化课程结构量是核心，转变专业建设理念是关键，创新专业发展机制是保障。

（一）改造升级传统专业

这里的传统专业主要是相对于"四新"专业来说的。传统专业之所以"传统"，并非指这些专业已经被时代抛弃，而是指这些专业经过多年的发展之后，其当下的专业整体态势并未跟上时代的步伐，面对新一轮的科技革命和产业变革挑战应对不足，在传承和创新之前偏于前者，导致人才培养质量不能满足社会发展需求。其突出的表现有人才培养理念落后，培养口径狭窄，培养模式单一，教学内容陈旧，人才培养同质化等。传统专业如果不能做到历久弥新，不能在教学内容、知识结构、培养模式、培养环境等方面跟上时代步伐，就会影响经济发展和社会进步，最终被社会淘汰。为使传统专业进一步适应社会市场需求，并赋予其新的活力，地方高校一是要敢于求新求变，面向"新技术、新业态、新模式、新产业"对人才的新需求，有前瞻性的调整专业人才培养目标，切实以区域经济及产业发展对人才的需求为导向，进一步明确学生应具有的知识、能力和素质要求；二要敢于打破传统专业的边界，融合新兴专业知识及跨界思维方式，围绕产业行业所需的新原理、新技术、新工艺、新材料、新方法等，及时将相关要求或知识融入专业建设中去，以此作为专业新的增长点，形成新的专业优势或特色；三是要注重通过产教融合、资源重构提升改造传统专业，赋予其新的课程体系、教学内容、培养模式及新的技术装备和现代实验手段等，提高学生的双创能力，增加专业人才对区域经济的技能服务能力。

（二）积极建设新兴专业

新兴产业是引领未来经济发展的"引擎"和决定性因素，这已成为世界各国的共识。我国也高度重视相关新型产业发展，出台了一系列相关新型产业政策。新兴产业发展的关键在于人才，作为服务地方经济发展的地方高校更应担负起为地方经济的产业结构调整与更新培养人才的重任。因此，地方高校对区域战略及重点新兴产业应保持基本的关注和敏感意识，做好人才需求研判，提前布局。围绕产业行业新的布局、新的增长点和发展趋势，整合学校内外部的学科、市场、社会、人力资源，做好新兴专业的设置和建设工作。如河南省

未来几年重点在于打造生物医药、节能环保、新能源及网联汽车、新一代人工智能、网络安全、尼龙新材料、智能装备、智能传感器等新兴产业，许昌市着重围绕智能电力装备、节能环保装备和服务、新能源及智能网联汽车、电子信息、硅碳先进材料战略性新兴产业链。这些产业对人才的需求势必逐步增长，但本地学校开设的专业却无法做到很好的支持和对接。因此，为了促进这些产业的发展，地方高校必须把握机遇，抓住先机，将学科专业建立在这些产业链的各个层次，才能获得重点支持和长久生命力。

（三）培育跨学科应用型专业

学科和专业建设一体化协同发展，构建了现代大学可持续发展的立体式框架。专业的设置有着政府和高校之间的博弈，同样也要关注各利益主体在专业建设中发挥的作用，这些都需要通过学科体系的构建予以理顺。当今社会，根据现代科学技术综合化的发展变化趋势，具备知识复合、能力复合、思维复合的复合应用型人才培养必须把学科和专业有效结合起来，发挥两者之间的互促性。

一方面，高校要利用学科综合效应表现出的强大聚合力，确立应用型专业集群，形成新的专业增长点。这就要求高校在实践中要勇于打破学科专业堡垒，通过专业教育资源的整合，强化学校内部学科专业的融合，特别是要重视文科与理科、理科与工科、文科与工科等专业的相互交叉、渗透融合，培育跨学科应用型专业；或以区域产业集群为服务对象，依托原有专业增生裂变。根据专业产业结构与专业对接的范围、支撑的程度进行专业"组合"，使同一产业或相近产业的专业集合起来，发展形成以学生需求为导向，以国家级、省级优势或特色核心专业为内核，以相近学科专业为支撑，以产教融合为重心，联系紧密、结构合理、资源共享的专业链，赋予其新的管理机制、课程体系、培养模式、实践平台，进而提升专业集群对地方产业的适应面和贡献度，发挥学科专业群聚效应。例如，许昌学院以商务服务与管理专业集群为引领，围绕电子商务、商务英语、旅游管理等核心专业，统筹调整优化专业布局和结构，将经济学、管理学、文学、理学等学科融合互联网、大数据、工程技术、文化创意等领域的发展，促成了跨境电商、航空物流、文化旅游、营销管理、互联网金融等新的学科专业增长点，从而推动学科与专业一体化发展。另一方面，高校要面向产业和区域经济发展重大战略需求，通过进一步凝练新型交叉学科领域方向，引领专业优化和调整。如东莞理工学院结合珠江口东岸电子信息产业带建设发展需要，面向电子信息产业、3C产品智能制造、绿色化工与新能源等领域，凝练学科方向，强化学科融合，相继形成了"面向机电行业智能制造的机械工程学科""面向智能制造的计算机科学与技术学科""面向绿色化工与新能源的化学工程与技术学科"等五个主干核心学科和"环境治理与绿色能源""食品化工与生物化工"两个交叉融合学科。在这些交叉学科建设之中，基于知识重构之间的专业交叉、课程融合势必会打破原有的学科壁垒，促进不同专业（方向）、课程之间的布局结构调整。同时，学科方向的进一步凝练交叉也会催生新的研究领域，最终反哺于专业人才培养。

二、以差异化发展打造一流应用型专业

正如"一流本科教育不等同于一流大学的本科教育"一样，"一流专业也不等于一流大学的专业"。任何类型的本科高校都要有建成一流专业的理想和决心。合理地进行科学定位，围绕不同类型人才的成长生态进行路径设计和资源重构，确立本科教育的中心地位，构建本科教育的实施体系，地方高校也完全可以建设一流的应用型专业。这里的差异化不仅表现为差异化的培养目标和服务面向，而且重要的是根据人才培养类型，打造差异化的人才培养模式。比如许昌学院在化工与材料学院专业中改革实施的 OPCE（Open, Practical and Creative Education, OPCE）人才培养模式，以"开放·实践·创新"为基本理念，以学生创新创业能力提升为出发点，以科研反哺教学、学生直接参与教师科研创新为基本路径，深化"产学研教创一体化"融合，从构建开放平台实践课程体系、改革实践创新教学模式、构建开放多元教学评价体系、打造开放实践创新平台等方面形成了其独特的人才培养过程体系，获得了较高的人才培养成效和社会关注度，基于改革的成果荣获 2020 年河南省教学成果特等奖。

同样，区域资源中的差异化特征使其在教育资源的不同配置和组合中，也可以构建出更加个性化的应用型人才培养模式，其中比较典型的模式就是"特色产业学院"。这种模式是在反思地方高校本科人才培养供给侧与产业需求侧脱节背景下产生的一种新的组织方式。与传统的校企合作、订单培养等产教融合方式相比，产业学院不仅仅是校企之间就某种或几种要素进行合作，它还是一种全方位的、嵌入式的合作生态，通过与政府、行业领军企业、研发机构等多方共建，采用实景化场景营造、企业化管理运营，从而将应用型人才培养与地方产业发展紧密结合，通过整合政、企、学、协等学校和社会多方面资源，构建特色鲜明的应用型专业人才培养体系。

三、以建设成效为标准，构建评价体系

地方高校在应用型专业建设中应注意两个问题：一个是仍然沿袭传统学术

型建设思路，在学术主导和市场取向之间摇摆不定；另一个是应摒弃"鸵鸟心态"，不能认为应用型专业就可以降低品质要求。要解决以上两个问题，推进应用型专业的内涵建设，就需要建立一个专业内涵式发展的评价模式及指标体系，以应用型人才培养为中心，注重专业建设成效，增强标准意识，结合专业认证、专业评估，带动专业建设成效的整体提升。换言之，为提高应用型专业设建设水平，学校、政府需要建立涵盖从专业设置到人才培养全过程的专业评估制度，对高校应用型专业设置及建设提供依据。为此，一是政府要调整角色，改由政府主导对专业的评价及基于评价的资源分配，逐渐转变为企业、社会第三方参与的多元评价机制；二是要改革评价指标，评价内容上应注重地方高校应用型专业定位及功能发挥的评价内容。如丁然根据学校教育"背景—投入—过程—产出"模型，构建了应用技术型高校专业评价指标体系。其指标体系设置了专业定位和目标、教师队伍、学校支持条件、教学特色、质量的保障与评价、产教融合、教育效果七个一级指标，在此基础上又设置了专业定位、培养目标、师资数量与结构、"双师型"教师、实习实训条件、实践教学特色、校企合作等16个二级指标，43个观测点。总体来看，该体系凸显了应用技术型高校办学定位，对专业评价更加侧重应用性，具有一定的参考价值。

从实践看，参照这些相关文件，围绕应用型专业定位、"双师型"教师队伍、应用型课程和教材、产教融合、应用型人才培养、应用研究和社会服务等应用型专业建设的核心要素进行关系梳理，进而寻找对应指标以及观测范畴、标准（定量和定性），构建了专业定位与目标等8个一级指标、20个二级指标等组成的地方本科应用型专业质量标准体系。其基本架构见表8-1。

表8-1　地方本科应用型专业质量标准基本架构

序号	一级指标	二级指标	评价要素
1	专业定位与目标	专业定位	专业定位符合学校定位，符合行业需求，能够直接服务于地方实体经济或有效对接区域主导产业、支柱产业、优势产业、战略新兴产业等，满足区域经济社会发展需要
		培养目标	培养目标适应度高，与学校办学定位、岗位工作需要的符合度高，能够体现所服务面向行业、企业的发展对人才培养的新要求

表8-1(续)

序号	一级指标	二级指标	评价要素
2	师资队伍	教师数量与结构	教师数量满足专业应用型人才培养的需求；行业、企业、实务部门兼职教师占专业教师的比例原则上不低于30%；有满足本专业实验、实训教学要求的专职实验、实训教师队伍
		"双师型"教师	专任教师中"双师型"和具有行业实践经历的教师占比不低于70%；建立有"双师型"教师评聘制度和稳定的培养机制
		教学水平与能力	专业教学团队教学水平高，围绕区域经济社会发展开展技术咨询、技术开发、技术转让、技术服务等能力强
3	课程建设	课程体系	课程体系结构合理，符合培养目标、地方经济和产业的需求，能够体现基于OBE产出导向设计理念，重视对学生创新精神、实践能力和创业能力的培养；实践学分（学时）占比不低于30%；课程内容设计科学合理能够及时体现技术进步、产业发展和区域经济建设的需求
		应用型课程	校企合作共同开发专业课程不少于5门，应用型课程占专业课的比例≥50%
		应用型教材	积极选用适合应用型专业教学需要的国家规划教材，以及与行业、企业、实务部门联合编写的校本教材、讲义、案例集
		教学模式	凸显应用型人才培养特色教学模式，专业课程运用真实任务、真实案例教学覆盖率达到80%
4	产教融合	校外实践教育基地	建立了由校企共建的综合性校外实践教育基地，探索实施了共建共管共享的长效机制，并取得了良好效果
		校内协同育人平台	加大创新应用型人才培养模式改革，与行业、企业、政府、新型研发机构等共建科教融合、面型产业的协同育人平台，如现代化产业学院、合作实验班、协同中心等
		校企双向互聘机制	建立有稳定的学校与校外人员双向互聘、相互融合机制，运行状态良好

表8-1(续)

序号	一级指标	二级指标	评价要素
5	人才培养质量	对口就业率及就业质量	毕业生整体就业质量较高。对口就业率≥70%,起薪、岗位稳定率在省内同类专业具有竞争优势
		专业知识运用及创新创业能力	学生获得相关资格证书和职业能力证书人数逐年提高,参与创新创业活动率为100%,本科生公开发表论文、取得专利、在省级及以上学科竞赛或创新创业竞赛获奖
		社会声誉	毕业生在具有较强的竞争力,用人单位对专业培养质量的认可度高,对毕业生的综合评价满意度≥90%,优良率≥80%,在省内同类专业处于较高水平
6	应用研究与社会服务	应用研究	紧贴产业行业发展与技术革新前沿,参与行业企业技术项目研究与服务,在技术研究、开发、推广、科技成果与转化方面有明显的成果或成效,教师参与率≥50%;承担的横向项目≥3项/年
		社会服务	开展多种形式的社会服务,在社会服务和面向社会开展培训等方面成效显著,每年参与技术服务、智库咨询、社会培训的教师参与率≥70%
7	质量保障体制	质量监控持续改进	建立了符合应用型人才培养特点的多主体参与的专业教学质量保障体系,过程监控、督导及持续改进机制,实施效果良好
8	特色	专业特色与辐射	专业具有标志性成果,在全国乃至全省同类院校中形成了良好的品牌效应

总之,要加强对应用型人才培养及专业相关理论的研究,构建应用型专业的自评机制,同时地方政府在高校专业建设的过程中也起着重要的作用,其相关部门应该根据当地的经济及产业结构发展的实际情况对高校本科的专业设置结构进行有效调整,合理划分专业布点。在强调高校分层分类的前提下,构建高校专业、课程等分类建设的多样化指标体系。只有这样,才能对不同高校的合理定位和错位发展切实起到引导、调整作用,优化资源配置,从而有效解决经费投入与引导发展之间的矛盾,推动地方高校专业建设与区域经济社会的联动发展。

第三节　地方高校应用型专业集群建设

基于现代产业集聚发展之势和地方高校转型发展之要，将专业链与产业量紧密对接，推进专业集群建设，已经成为地方高校持续发展的重要突破口，是专业结构优化和专业布局调整的战略选择。

一、专业集群的研究进展

2006 年，教育部、财政部发布了《关于实施国家示范性高等职业院校建设计划 加快高等职业教育改革与发展的意见》。该文件强调专业群建设要植根于职业岗位或者产业链，要针对某个行业相近或相关的职业岗位或者产业链设置专业，以满足行业内企业岗位或者产业链的实际需要，尽可能覆盖整个行业岗位群，并提出"重点建成 500 个左右产业覆盖广、办学条件好、产学结合紧密、人才培养质量高的特色专业群"。由此"专业群"这一概念被许多应用型高校接受。关于专业集群的研究，在理论层面，顾永安教授等就地方本科高校专业集群布局与建设的探索和思考，相继开展了应用本科专业集群的研究，并针对专业集群布局与建设进行大胆探索，接着许多高校加强了专业集群的建设，围绕地方产业布局开展了推进一流本科专业建设研究，但是这些研究多停留在理论探讨的层面。

2015 年，教育部《关于引导部分地方普通本科高校向应用型转变的指导意见》，提出以需求引领改革方向，促进多学科交叉融合，在"学科交叉、课程改革"的基础上，改变传统的教育模式，围绕产业链、创新链调整专业设置，形成特色专业集群。2017 年，《国务院办公厅关于深化产教融合的若干意见》中指出，深化产教融合，促进教育链、人才链与产业链、创新链有机衔接，立足于服务于产业和社会发展需要，高校联合地方政府、行业、企业等用人单位，融合多种合作资源及要素，建设专业集群。根据全国部分省、校关于专业群建设的政策文本分析，专业群建设的指导思想、目标、任务虽然都有所涉及，但是关于专业群建设的具体思路、实施路径、建设标准等并不明确。专业集群的指标体系过于简单，可操作性不强。针对如何建立科学合理且具有指导意义的评价指标体系，顾永安教授等也对推进专业集群建设机制创新进行了反思，但是，目前还没有一个全国范围认可的成果广泛应用于专业群建设的参考标准和方案可以借鉴。

二、专业集群建设存在的问题

专业集群理论最先来自经济学产业集群理论，随后被应用于高等教育领域。但在 2015 年之前，专业群建设主要发生在高职教育领域，本科高校的相关研究和实践探索很少。2015 年之后，在应用型本科高校转型发展的改革推动下，本科高校专业群建设开始提上议事日程。目前，越来越多的本科高校尝试进行了专业集群的建设和研究工作，但从研究的深度和广度来看远不如高职院校。正如顾永安（2019）教授认为的那样，应用型高校推进专业集群建设还存在认识不到位、视野不开阔、创新性缺乏、特色不彰显等方面的问题。

（一）认识缺位

这里的认识缺位主要是指部分高校对专业集群的概念、内涵、特征等缺乏全面深入的理解，一是把专业集群简单从字面去理解，视为不同专业之间的排列组合；二是把高职专业集群等同于本科专业集群进行简单复制，没有认识到本科专业与高职专业之间的本质区别。基于这样的认识，很容易导致在专业集群建设过程中简单化、程式化，从表面上看具备了专业集群的形式，但在实质上集群内涵建设涉及的培养模式改革、课程体系重构、资源平台共享、教学团队建设等并未展开，群内各专业仍旧是各自为是，专业聚合性低，群聚效应无法得到有效发挥。

（二）设计缺位

设计缺位主要是指在专业集群建设的过程中，缺少系统科学的顶层设计。如对专业集群的建设目标、建设内容、运行保障、建设成效等缺乏认真思考研究，没有形成具体明确的指导意见及实施方案，或者是所形成的意见过于笼统，缺乏实际指导的意义，如专业群内课程体系的重构意见等，最终使专业集群发展规划的执行共识度不够，无法在实践中达到落地生根的效果。

（三）制度缺位

专业集群建设打破了原有的院系专业管理模式，涉及资源的重组和分配。因此，在管理机制上首先要做出改变，建立全新的组织管理机制。现实中，不少高校虽然建立了专业集群，但群内各专业仍旧条块分割，虽然有院系管理，但并未实现集群内的统一管理。在这种情况下，群内的资源整合和优化配置无法实现。另外，评估机制及动态调整机制的缺失使专业集群建设成效无法得到及时有效反馈，这就导致了部分集群专业落后于产业发展、集群成效低下等问题。

三、应用型高校专业集群建设的思路

（一）应用型专业集群建设的基础

专业集群是"适应产业链和创新链对人才培养的需求，将若干个服务于特定产业链各环节或层次人才需求的且具有内在关联性的专业，按照一定的结构或规则集合在一起，实现创新要素集聚与资源共享"。根据这个概念，有学者探讨了应用型本科高校专业集群的三个主要特征：一是更加注重学科的支撑引领，这也是本科院校集群建设与高职院校的本质区别；二是强调专业之间的链式集成，既不是"专业集合"，也不是"专业集中"，更不是若干专业的简单拼凑，而是紧密对接产业集群、高度对应和契合产业链上若干个职业岗位或岗位群，并且存在内在密切联系的专业集聚；三是着重突出产教融合的互融互通。基于以上的理解，本科专业集群建设既不能像职业院校那样，避开学科，简单以职业联系"与产业、职业岗位群对接"，也不能单纯强调学科关系，只"与学科对接"，而要两者兼顾，在产业链或岗位群对接的前提下兼顾学科层面专业之间的内部逻辑与联系，以此作为专业群布局的依据，通过人才培养模式的创新及校内外资源优化组合，以形成一个提升人才培养质量的知识共同体、资源共同体为最终目标。

（二）应用型专业集群建设的定位

一是要确定专业集群建设的引导力量。清晰而又具体的产业需求分析与人才培养的适应性是专业集群建设的引导力量。二是要确定专业集群建设的目标定位。在服务区域经济社会发展方面，不同高校有不同的目标定位与特色功能。因此，专业集群建设在根本上要服从并服务于学校整体发展战略目标定位，明确其对于实现学校发展战略目标定位的作用。三是要确定专业集群建设的结构特征。不管什么类型的专业集群结构都要有核心专业作为主导，不同的是集群内其他专业的关联节点不同。在此基础上，学校一定要形成专业集群建设指导意见或专业集群建设规划、实施方案，使专业集群建设指导意见或专业集群建设规划、实施方案真正成为能指导二级单位推进工作的文件，使研制、论证指导意见或实施方案的过程真正成为统一全校干部教师思想认识的过程。

（三）应用型专业集群建设的内容

1. 应用型专业集群建设的目标

应用型专业集群服务面向能够紧密围绕区域主导产业、支柱产业和战略性新兴产业重点领域需要，基于产业链需求组建定位准确、特色鲜明的应用型本科专业集群；纳入集群的各专业能够与产业集群对接，与产业链上的职业岗位

或岗位群具有较高契合度和对应性，专业间具有内在的密切联系。

应用型专业集群基地建设。具有充足的校内外实验实习实训基地，能够充分发挥社会企业资源优势，积极与行业企业合作共建实验、实训场所和实习实训基地，满足应用型本科人才培养的教育教学需要，基地条件完备、设备先进、管理规范、利用率高，能够与实践教学相匹配。

2. 应用型专业集群建设的实力

应用型专业建设基础。专业建设和课程建设水平高，在校生达到一定规模，生源充足、质量好、报到率高，毕业生就业率、深造率、创业率等高于省内同类本科院校；相关专业获教学成果奖励、大学生创新创业训练计划项目高于省内同类本科院校；具有多门校企共同开发的专业课程，课程能够反映行业领域的新技术、新工艺、新规范。

"双师型"教师队伍。具有数量充足、结构优化、水平较高的师资队伍，生师比基本达到教育部"合格"标准；副高级专业技术职务以上人员占比以及专任教师中具有硕士学位、博士学位的教师比例较高；积极主动聘请企业优秀专业技术人才、管理人才等到校任教或参与教育教学活动。

3. 应用型专业集群建设的成果

依托校外实验实习实训基地，对接服务行业（产业）领域的新技术、新工艺、新规范，积极开展校企联合攻关、科技研发，产学研合作项目较多、平台较高，应用型研究成果和科研成果转化率较高，能产生一定的社会和经济效益的成果。

（四）应用型专业集群建设运行与评估机制

近些年来，应用型高校不断加强专业集群建设，但是，现在专业集群建设尚未存在广泛认可的评价标准，还存在专业集群指标体系研制不足等问题。鉴于要想达成建设一批引领改革、支撑区域发展的高水平专业集群，带动应用型高校持续深化改革，加强内涵建设，实现高质量发展的要求，建议有关各方在充分调研和研讨的基础上，建立制定权威的专业集群评价标准体系是迫在眉睫的课题。

一是建立专业集群组织领导机制，明晰专业集群内部的管理体系、岗位设置、职责分配等；二是完善专业集群内相应的教学、教师、学生、资源平台等管理机制；三是建立专业集群动态评估机制，可以围绕专业集群建设目标与产业需求契合度（评判专业集群布局与区域产业人才需求契合程度）、专业集群资源投入与协调度（评判专业群建设资源投入与配置效率及不同专业投入均衡度）、专业群运行实施与整合度（专业集群教学运行融通性、协调性整体评价）、专业集群建设成效与示范度（专业集群建设目标达成度评价）等方面进行评价体系的构建，从而形成能上能下、有进有退的动态评估机制。

1. 服务面向指标

专业集群能够紧密围绕国家和区域主导产业、支柱产业和战略性新兴产业重点领域需要，基于产业链需求组建定位准确、特色鲜明的应用型本科专业。纳入专业的各专业能够与产业集群对接，与产业链上的职业岗位或岗位群具有较高契合度和对应性，专业间具有内在的密切联系。

2. 专业实力指标

该指标主要反映专业建设水平、学科专业布局、专业动态调整机制和专业认证等。专业建设水平是指群内专业具有一定规模，生源充足、质量好、学生报到率高，毕业生就业率、深造率、创业率高，相关专业获教学成果奖励、大学生创新创业训练计划项目高于省内同类本科院校。学科专业紧密对接所在地区产业链，服务新经济、战略性新兴产业的专业数量和比例；学科集群、专业集群的覆盖度，包括列入集群建设的学科数、专业与学科总数、专业总数的比例，专业动态调整相关机制及其运行情况。

3. 教学体系建设指标

教学体系建设包括应用型课程及课程体系建设、课堂教学改革、实践教学体系、教学质量保障体系等方面。应用型课程具体考核近三年校企合作开发课程、编写教材的数量及占比，近三年国家级、省级和校级线上线下网络资源课程、应用型课程资源数量，近三年应用型课程建设经费投入及在教学经费中的占比。课堂教学改革考核包括专业课中实施项目式、案例式教学的课程比例；专业课中采取能力验证方式评价的课程比例；近三年专业群获省部级以上教学成果奖的数量。实践教学体系建设考核包括实践教育学时占专业总学时的比例、校内生均实践教育场地面积和生均实践教育仪器设备值、校外生均实习实训岗位数。

4. 教师队伍建设指标

教师队伍建设主要包括数量与结构、"双师型"教师、企业师资的数量。数量与结构包括生师比，生师比基本达到教育部"合格"标准；专任教师中具有博士学位教师的比例和高级专业技术职务的比例。专业群内是否根据学校制定了"双师型"教师认定标准及实施情况，在人才引进、职称评聘、绩效考核等管理制度方面是否体现了促进"双师型"教师发展的激励机制，是否建立了教师到政府、企事业单位进修、挂职锻炼制度等。包括专任教师中"双师型"教师的比例，学校为促进"双师型"教师队伍建设而采取的各类举措。企业师资主要考核是否积极主动聘请企业优秀专业技术人才、管理人才等到校任教或参与教育教学活动。

5. 基地建设指标

校内外实习实训基地建设。积极与行业企业合作共建实验、实训场所和实习实训基地，对接服务行业（产业）领域的新技术、新工艺、新规范，积极开展校企联合攻关、科技研发；应用型研究成果和科研成果转化率较高，产生了一定的社会和经济效益。平台的数量是指单列其中省级以上科研与社会服务平台的数量及比例，单列其中政府参与共建平台、行业企业共建平台的数量及占比。平台的运行机制是否健全、管理是否规范，平台的利用率如何，是否能够与实践教学项目相匹配，是否能够体现平台面向社会开放众筹、联动共享的制度机制。

6. 学生发展指标

学生发展包括大学生创新创业教育、能力成长情况、学生行业素质培养以及学生就业质量。创新创业教育包括专业群创业孵化基地、创新创业园和校外创新创业实践基地数，专业群近三年生均创业资金投入、近三年学生参加省级以上创新创业竞赛的获奖数。能力成长方面表现在以学生发展为本的教育管理机制建设情况，本专业转专业制度、校内外学分互换互认机制等。注重运用大数据等手段对学生能力成长情况进行学情分析，不断促进学生发展。可以用近三年学生获得省部级以上科技竞赛、科研实践和社会服务等获奖，获得发明专利、实用新型专利、外观设计专利、计算机软件著作权、第一作者公开发表论文和调研报告等获得领导批示或采纳的数量来表示。学生行业素质培养用近三年内某一专业的毕业要求达成度评价材料来表示；大学生就业率、薪酬水平是反映其就业质量的重要指标，由第三方机构提供专业群内各专业近三年毕业生的初次就业率。

7. 应用型科研指标

专业群应用型科研包括科研总量、协同创新、成果转化、教学科研一体化程度四个方面。科研总量是指近三年科研经费和课题总数以及其中应用型科研的占比、获得省级以上自然科学基金项目、社科基金项目入选情况以及科研成果获得省级以上奖励的情况、应用于生产的被 SCI \ EI \ ISTP 三大检索收录、北大中文核心期刊、CSSCI 检索的论文等高水平论文数。协同创新是指近三年源于行业企业的科研项目数量和经费；校企合作、校地合作申报和开展省部级以上纵向项目课题的数量和经费。成果转化是指近三年专任教师人均知识成果数（含发明专利、实用新型专利、外观设计专利、计算机软件著作权和被厅级以上领导批示或采纳的政策咨询研究报告）；应用研究成果转化率、人均成果转化收入和万元成果产出率。应用研究成果通过技术转让、技术开发、技术咨询和技术服务等，在企业得到实际应用并产生经济和社会效益；当年成果转化数/项目总数即为转化率；由于技术转让、开发、咨询、服务等行为带来的经济收入/专任教师数即人均成果转化收入；当年成果转化收入/当年科研经费投入得出成果产出率。教学科研一体化程度是指近三年的科研成果"三进"（进教材、进课堂、进教案）占科研项目总数的比例、学生参与科研的占比。

8. 社会影响力指标

社会影响力包括社会满意度、社会声誉、社会影响力三个方面。社会满意度包括毕业生和用人单位两个方面。毕业生对专业群内专业、用人单位对专业群内毕业生的满意度。由第三方机构提供近三年毕业生对专业群的满意度，第三方机构提供近三年用人单位对专业群内各专业本科毕业生的满意度。社会声誉也是反映人才培养质量的重要指标，可以用近三年市厅级以上各级政府、行业、企业授予专业群的各类荣誉数量来表示。社会影响力包括行业影响力、媒体影响力和网络影响力三个方面。行业影响力可以用专业群内师生是否参与相关行业标准的制定、是否行业协会、联盟的理事单位、教师和校友在相关行业协会任职情况表示，还可以用专业群在各类行业排行榜中的排名情况表示；媒体影响力可以用近三年省级以上官方媒体对本专业群进行专题报道的数量表示；网络影响力可以用近三年的百度指数（搜索指数、资讯指数和媒体指数）表示。

四、地方高校专业集群建设的实践探索——以许昌学院为例

在国家提出地方高校转型发展的战略指导性改革意见后，许昌学院加快了以服务区域产业集群发展为目标致力于应用型本科高校专业集群的探索之路。2015 年，结合许昌区域产业结构状况调研，学校提出了"以优势专业为核心，按照专业基础相通、技术领域相近、职业岗位相关、教学资源共享的原则构建专业群"，有选择、有重点地对接电子信息、新材料、新能源、生物医药等新兴产业，加大投入，逐步集聚相关师资、实训等资源，实验性地建设专业群。

根据学校应用型专业体系总体布局要求，依托校 7 个特色学科（专业硕士培育点"3+4"计划）和 6 个优势学科（"2+4"计划）、融合国家级特色专业、工程教育认证专业、省级和校级学科专业。对接河南"三区一群"建设、围绕许昌电力装备、再生金属及制品、汽车及零部件、超硬材料及制品、电梯、食品及冷链、发制品 7 大特色优势产业以及高端设备制造、新能源汽车、生物医药、新能源 4 大战略性新兴产业的发展，进行应用型专业群总体规划和布局。

（一）专业集群的培育

学校出台了《许昌学院产教融合专业群建设指导意见》，与许昌市产业链、优势产业链和新兴产业链等对接，确定了 4 个首批重点建设专业群和 4 个后续培育的"4+4"专业群，即电力装备与制造、信息技术、食品医药与健康、商务服务 4 个重点建设专业群，土建园林、新能源与材料、文化创意、教师教育 4 个后续培育专业群。至此，8 大应用型专业群架构基本形成（见表 8-2）。

表 8-2　许昌学院重点建设应用型专业集群（2016 年）

序号	专业（集群）名称	包含专业	对接产业
1	电力装备与制造专业群☆	电气工程及其自动化*、机械设计制造及其自动化*、电子信息工程、通信工程、机械工程计算机科学与技术、计算机科学与技术、物联网工程、产品设计	河南省：高端装备制造许昌市：电力装备（首席产业链）、先进制造
2	信息技术专业群☆	计算机科学与技术*、网络工程*、物联网工程、通信工程、电子信息工程、数学与应用数学、地理信息科学	河南省：大数据许昌市：工业机器人、信息技术（新型产业链）
3	食品与医药专业群☆	食品科学与工程*、应用化学*、制药工程、生物制药、食品质量与安全、数据科学与大数据技术	河南省：食品、生物、医药许昌市：食品、生物医药（十大产业链建设工程、"百千"亿元级产业链工程）、中药材
4	商务服务专业群☆	电子商务*、旅游管理*、工商管理、财务管理、人力资源管理、经济学、英语（商务英语）、日语（商务方向）、汉语国际教育、法学、地理科学	河南省：航空经济、航空物流、旅游与会展许昌市：建设服务业大市（信息服务、现代物流、文化旅游、金融）
5	土建园林专业群	土木工程*、风景园林*、道路桥梁与渡河工程、工程造价、测绘工程、环境艺术设计	河南省：空间信息产业链、新型城镇化建设领域许昌市：空间信息产业、县域特色产业集群、新型城镇化建设

表8-2(续)

序号	专业（集群）名称	包含专业	对接产业
6	新材料与新能源专业群	材料科学与工程*、纳米材料与技术*、新能源材料与器件、应用化学、化学工程与工艺	河南省：新材料、清洁能源产业链 许昌市：超硬材料及制品、再生金属及制品、发制品、新能源（优势产业链）
7	文化创意专业群	产品设计*、戏剧影视文学*、视觉传达设计、美术学、绘画、音乐学、舞蹈学、播音与主持艺术、汉语言文学、历史学、数字媒体技术	河南省：旅游与会展、文化创意 许昌市：文化创意、三国文化、钧瓷文化
8	教师教育专业群	汉语言文学*、数学与应用数学*、英语*、小学教育、学前教育、地理科学、体育教育、音乐学、美术学、心理学、历史学	河南省：教育行业 许昌市：教育行业

注：☆表示重点建设专业群；★表示群内核心专业。

在此基础上，按照"优化结构，提高效益，示范共享"的专业集群要求，学校重点围绕专业群结构优化调整、特色打造、人才培养模式改革、课程体系重构等影响专业发展的关键环节推进综合改革。

1. 动态调整专业，优化专业集群内部结构

明确专业设置标准与动态调整机制，从需求预测、办学目标、培养方案、基本条件等方面提出了专业设置标准框架；从专业吸引力、专业资源条件、专业就业率等方面明确了专业动态调整的评价标准，建立了"招生—培养—就业"三联动动态调整机制，逐步形成了以质量和绩效为导向的适度竞争的专业资源配置模式。紧紧围绕办学定位和专业集群服务面向，根据区域产业发展需求和学生发展需求，建立群内专业评估制度，通过新建、停招等方式，调整专业集群内部专业（专业方向），不断推动专业集群整合。

2. 坚持错位发展，走特色发展之路

以专业群中的核心专业、重点专业为基础，从办学实际出发明确专业群服务的产业链环节及层次，坚持有所为有所不为，与河南其他高校错位发展，在人才培养模式以及就业岗位和岗位群面向中寻找差异，重点打造本区域领域内的优势专业和特色专业。如围绕许昌市首席产业链的电力装备产业重点建设电

气工程及其自动化专业，围绕食品与冷链、生物医药、超硬材料及制品、再生金属及制品、发制品、新能源等新兴产业，重点建设应用化学、食品科学与工程、材料科学与工程、新能源材料与器件等专业，围绕文化创意、三国文化、钧瓷文化，重点打造产品设计专业。建设过程中，一批具有地方特色的核心专业逐渐崭露头角，电气工程及其自动化专业率先通过了工程专业认证，并获批为国家一流专业，其他多数核心专业也获批为省级一流专业，专业集群的聚合效应和特色逐步凸显。

3. 深化产教融合，创新人才培养模式

以地方经济社会发展和产业转型升级对高素质应用型人才的需求为依据，按照"产教融合、工学结合、校企合作"的要求，创新专业群人才培养体制。校企合作共建曙光大数据学院、鲲鹏学院等四个产业学院；立项建设"材料之星"、发制品跨境电商人才培养模式创新试验区等四个人才培养模式改革项目，通过实施小班培养、校企深度合作、制订个性化人才培养方案，实行分层分类个性化培养，深入推进人才培养模式改革；实施"1+X"人才培养，积极推行"双证书"制，实现专业课程内容与职业标准对接。

4. 优化课程体系，推进教学范式改革

针对职业岗位或岗位群的实际，参照相关的职业资格标准，根据专业和专业群建设方案重构课程体系和教学内容。2016 年以来，学校以 OBE 理念为导向，联合行业企业不断完善专业人才培养方案。为构建与地方产业紧密对接、符合岗位群智能要求的课程体系，按照职业岗位能力的要求，重构课程结构、突出核心课程、强化实践课程。出台《许昌学院应用型课程建设实施方案》，强调按照基于真实工作场景或任务设计教学内容，采用实践性、情景化、职场化的教学方式，鼓励教师开展教学内容、教学方式、教学手段、教学评价等课程改革，起到了引领全校课程转型的作用。

通过建设，专业群整体质量得以提升，形成了一批以电气工程及其自动化、材料科学与工程、计算机科学与技术、产品设计等省内外一定影响力的优势专业（见表8-3）。此外，根据社会经济发展需要和集群自身发展，专业群内及群间生长出新的专业增长点，新布局了生物制药、数据科学与大数据技术、信息安全、医学检验技术、智能电网信息工程等新专业，专业集群效益开始凸显。

表 8-3　专业集群优势专业一览表（2018—2020 年）

序号	级别	专业名称	所属专业集群
1	国家一流专业、特色专业工程认证专业	电气工程及其自动化	电力装备与制造专业群核心专业
2	省级一流专业	电子信息工程	电力装备与制造专业群支撑专业
3	省级一流专业、特色专业	英语	教师教育专业群核心专业
4	省级一流专业、特色专业	数学与应用数学	教师教育专业群核心专业
5	省级一流专业	思想政治教育	教师教育专业群支撑专业
6	省级一流专业	地理科学	教师教育专业群支撑专业
7	省级一流专业	纳米材料与技术	新材料与新能源专业群支撑专业
8	省级一流专业、综合改革试点专业	计算机科学与技术	信息技术专业群核心专业
9	省级一流专业	食品质量与安全	食品与医药专业群支撑专业
10	省级一流专业综合改革试点专业	化学工程与工艺	新材料与新能源专业群支撑专业
11	省级一流专业综合改革试点专业	土木工程	土建园林专业群核心专业
12	省级一流专业综合改革试点专业	产品设计	文化创意专业群核心专业

但是，在专业集群的培育过程中，仍然出现了一些问题。其主要表现在以下四个方面：一是个别专业群服务的产业链、创新链环节发生了变化，但专业群没有做出及时调整，导致两者之间的契合度出现了问题；二是专业群的专业划分并不是非常合埋，具体表现在一些相关性不大的专业划分在一个专业群里，导致同一个专业群的部分专业缺乏必要的关联，专业缺乏实际合作基础，专业的协同性、内在关联性及资源整合度不高；三是专业集群课程体系设计有待进一步优化，专业课程融合度不高；四是专业群组织管理机制不完善，无法对群内专业资源进行有效整合，不能充分发挥专业集群效应。

（二）专业集群的优化

专业群建设必须实现对产业链的紧跟，实时反映产业发展动态。2020年，学校对前期立项的电力装备与制造、信息技术、食品医药与健康、商务服务、土建园林、新能源与材料、文化创意、教师教育八个专业集群进行了综合评估，根据前期工作的开展情况和许昌产业发展的最新趋势，以需求为导向，对专业群的名称、服务面向、专业构成、课程体系、组织架构等进行了整体优化升级。

1. 优化专业组群内部结构

根据专业组群逻辑是否有效贴合产业链内部职业岗位群分布逻辑，服务面向职业岗位群是否具有共通学科、行业职业基础等因素，将原来的八个专业群调整为六个，淘汰了与区域产业贴合度较低的文化创意专业群；将部分学科、产业关联度较高的专业群进行整合，使专业群名称与服务产业域更加贴切；明晰群内专业的相互关系和主辅关系。通过新增专业、调整部分专业发展方向填平补齐产业链新需求，将部分关联度不高的老专业逐步淘汰出群，进一步明确了核心专业和相关专业的定位，提升了专业集群人才培养的契合度。目前，优化调整后的专业集群包括电力装备与信息工程专业集群、食品医药与健康专业集群、新材料与能源专业集群、商务服务与管理专业群、建筑与人居环境专业集群、基础教育专业群。

2. 优化专业群课程体系

根据调整后的专业集群，考虑工作岗位群和国家职业资格的相关标准，学校对专业集群课程体系设计进一步优化。通过"平台+模块（方向）"形式对同一群内的课程进行重新构建"1+2+1"模块化课程体系，按照"底层通识、中层分立互选、高层融通"的思路设计三阶段专业课程模块，施行专业模块之间课程互选、学分互认，从而推进群内专业的融合，提升学生的产业适应能力，实现复合型应用型人才培养目标。

3. 优化组织管理体系

学校在专业群的培育时期，主要是通过打造一批核心示范专业带动并辐射其他专业发展，形成了专业群发展的基本构架和运作模式，但由于专业群内部分专业存在大类跨学院，专业群组织管理机制没有理顺，确实存在无法对群内专业资源进行充分有效整合的问题。因此，在这次优化过程中，学校重点强调专业群组织管理机制的建构。一是各专业集群成立了由二级学院负责人、专业带头人、行业或企业专家共同组成的专业集群建设指导委员会，主要负责对本专业集群涉及的教学及人才培养工作进行研究、指导、评估、服务等。二是施行集群主任负责制，对本专业集群建设的人、财、物进行统筹管理，按照建设方案要求，落实责任制，确保项目建设取得实效。三是设置专业群带头人岗位，真正形成以专业群为基层组织的扁平化治理格局。

总之，专业集群建设是一个循序渐进的构建过程，不可能在短时间内迅速建成，需要学校不断通过加强建设和加大培养力度来进一步优化，需要学校突破以学校利益与学校需求为中心的传统理念，将产业行业等社会因素对专业集群建设的影响放在首位，需要根据地方社会经济发展趋势和行业领域结构来调整、改革，使专业集群更好地对接产业集群、融入产业链与创新链；不断提升教育内涵，使专业建设在动态调整中真正形成一定优势、一定特色的专业群。

参考文献：

[1] 谢维和. 中国高等教育大众化进程中的结构分析：1998—2004 年的实证研究 [M]. 北京：教育科学出版社，2007：123.

[2] 朱科蓉. 从学术型向应用型转变的专业改革策略 [J]. 现代教育管理，2010（9）：32-33.

[3] 孔繁敏. 建设应用型大学之路 [M]. 北京：北京大学出版社，2006：7：3-5.

[4] 袁海霞. 高校应用型专业人才就业研究 [J]. 中国成人教育，2012（18）：110.

[5] 张士强. 提高人才培养能力：地方高水平大学建设之要义 [J]. 中国高教研究，2017（11）：30-35.

[6] 陈光亭，周良奎. 地方一流应用型大学建设路径研究 [J]. 高等工程教育研究，2020（4）：124-130.

[7] 王洁辉，李波. 河南省地方高校本科专业设置与地方产业结构匹配性分析 [J]. 兰州教育学院学报，2020（4）：65-66.

[8] 王春雷. 地方本科高校转型有利于提升职业教育层次 [J]. 高校教育管理，2015（3）：95.

[9] 何绍芬. 关于地方本科院校应用型专业建设的思考 [J]. 教育与职业，2011（8）：35 36.

[10] 吕红军. 应用型本科高校学科建设的策略思考 [J]. 宁波大学学报（教育科学版），2020（1）：80-85.

[11] 乐传永，许日华. 地方高校建设一流本科教育的缘由、方向与进路 [J]. 中国高教研究，2020（2）：56-62.

[12] 丁然. 应用技术型高校专业评价指标体系构建研究 [D]. 天津：天

津职业技术师范大学，2018.

    [13] 顾永安. 应用本科专业集群：地方高校转型发展的重要突破口 [J].
中国高等教育，2016（22）：35-38.

    [14] 张晞，顾永安. 地方本科高校专业集群布局与建设的探索与思考：
基于常熟理工学院的案例分析 [J]. 中国职业技术教育，2018（11）：27-34.

    [15] 顾永安. 应用型高校推进专业集群建设的思考 [J]. 高等工程教育
研究，2019（6）：92-98.

    [16] 张晞，顾永安，张根华. 地方应用型高校一流本科专业推进策略：基
于江苏20所高校特色专业建设的调研 [J]. 中国高校科技，2019（11）：58-61.

    [17] 顾永安，范笑仙. 应用型院校推进专业集群建设机制创新的思考
[J]. 国家教育行政学院学报，2020（8）：25-33.

    [18] 吴仁华. 应用型本科高校专业集群建设探究 [J]. 高等工程教育研
究，2016（6）：98-102.

    [19] 叶怀凡. 应用型本科高校专业集群建设的价值意蕴与实践逻辑 [J].
2019（9）：103-107.

第九章　应用型人才培养的课程改革

第一节　应用型课程体系

应用型课程以培养学生实践能力为目标，注重学生实践经验积累，是工作与课程相结合的产物。应用型课程同时具有工作与课程两种事物的特征：一方面，应用型课程属于教育内容的系统组织，学生能够通过应用型课程系统地学习知识、提升能力；另一方面，应用型课程具有工作属性，学生需要通过应用型课程完成工作并真正创造价值，这就需要学生能够掌握胜任工作的能力；应用型课程具有的工作属性使其与社会发展、岗位变化息息相关，它紧跟社会发展脚步，与真实岗位变化保持一致。当社会职业需求改变、岗位要求发生变化时，应用型课程随之改变，学生能够在学习应用型课程后更好地适应时代变化。

一、应用型课程的内涵

应用型课程具有较高标准，与传统课程中的实践活动存在差异。传统课程并不等同于应用型课程，实践内容需要具有工作属性，学生除需要提升实践能力外，还需要获得满足社会发展需要的工作技能。在高校教育改革过程中，众多课程都能够向应用型课程转变，其中包括理论性较强的课程等。传统课程向应用型课程转变成为我国教育改革的关键，是提升我国人才质量的有效手段。

（一）应用型课程建设的理念

什么是应用型课程？应用型课程是以应用型人才培养为目标、应用为导向，高校与科研院所、行业（企业）等合作开发，以培养学生应用能力、实践能力、创新能力和职业素质为目的的教学内容及其组织形式的总和。它既有一定基础理论，又强调理论的实际运用，区别于传统学科导向、强调系统理论知识学习的学术型课程，是应用型高校应有的鲜明特征。

在我国教育改革背景下，众多学生针对应用型课程建设展开研究。齐齐哈尔工程学院曹勇安教授提出的"三化四真"应用型课程建设理念得到学术界广泛认可，以"三化四真"理念为导向建设而成的应用型课程取得良好成效。"三化四真"具体是指工作任务课程化、工作过程系统化、教学任务工作化以及真实职业环境、真做、真学、掌握真本领。简单来讲，"三化四真"是指将课程与工作深度融合，使两者形成有机结合体，教师在真实职业环境中完成教学任务，学生在真实职业环境中提升自身工作能力、掌握工作技能。

"三化四真"应用型课程建设理念与我国教育改革目标相契合，能够使高校人才培养真正与社会发展需要保持一致。应用型课程建设需要在理论知识传授的基础上使学生真正掌握工作本领，帮助学生更好地适应社会，为国家经济、社会发展提供高质量人才。"三化四真"理念将教学活动搬到真实工作环境中，将工作任务与教学任务紧密联系在一起。学生能够在真实职业环境中感受到工作压力，在真实工作过程中体会到自身责任，认知到自身不足。工作压力以及工作责任能够增强学生学习动力、责任心等，促进教学效率提升。学生对于工作的理解等会在学生真做、真学过程中不断提升，再加上教师合理引导，学生工作能力等会不断增强。在实际工作中学生能够更加真实地感受到自身不足，应用型课程则帮助学生客观认识自我、及时改正缺点；在实际工作过程中学生能够获得更加真实的成就感，随着自身能力不断提升、工作任务能够更加高质量完成，学生学习积极性、主动性能够在真实职业环境中充分调动起来，学生的责任心、社交能力等素质将得到提升，学生的想象将更加贴合实际，真实的工作经历将提升学生创造力，使学生能够"学以致用"。

应用型课程与实际工作具有紧密联系，应用型课程建设理念需要以产业发展与社会服务需求为导向，真正使应用型课程与时代同步发展。因此，应用型课程建设需要做到"三对接"与"三一致"，即应用型课程要与真实职业标准对接、与真实生产过程对接、与真实产业发展对接，课程目标、考核内容要与职业技能要求保持一致，教学方法要与职业人才成长规律保持一致。

（二）课程建设的关键要素

1. 课程体系构成的要素

课程体系是指在教学过程中，按照门类排列顺序为某一专业排列不同的课程，是教学内容和进程的总和，是知识进阶的顺序，是人才培养的总纲领，是培养目标的具体化和依托。课程门类排列顺序规定了培养目标实施的规划方案，决定了学生从基础知识到技能培养的顺序。

课程体系对人才培养的毕业要求应必须支持培养目标的达成，支持各项毕业要求的有效达成。在课程体系中，必须明确数学与自然科学类课程占总学分的比例，人文和社会科学类课程占总学分的比例，学科基础知识和专业知识课程占总学分的比例，实践性环节占总学分的比例，专业特色课程内容以及各类课程专业认证标准中要求包含的知识领域。

2. 以教育者为主导

应用型课程建设需要以教育者为主导。教育者的传统教学理念、教学方式、考核评价方式等，都需要进行革新才能适应应用型课程建设的发展，以此来满足应用型课程建设实践需要。在教学理念上，教育者应积极运用"三化四真"建设与教学应用型课程；在教学内容上，教育者应主动参与到真实工作环境中，了解工作环境特点，掌握工作岗位的具体内容，使教学内容与工作内容深入融合；在考核评价方式上，教育者应采用过程性评价，多对学生工作过程进行评价，引导学生掌握工作要领、行业知识等，促进学生养成良好的工作习惯。因此，教育者在应用型课程建设过程中需要革新自身教学理念、知识结构等一系列教学相关内容，改变自身角色定位，真正沉入真实工作环境中，合理利用真实工作环境来引导学生完成学习、工作任务等。作为教学活动主导者的教育者，只有完成自身多方面革新、熟悉工作环境与工作岗位要求等，才能够在教学活动中正确引导学生掌握真本领。应用型课程建设教育者革新应该是整体的、团队的。只有教育者团队实现整体提升、在相互交流中共同进步，才能使教育者快速适应应用型课程建设发展的要求。

3. 以学校和学生为主体

应用型课程建设与真实工作环境接轨，真实工作环境创造与选择等是应用型课程建设的基础，良好的工作教学环境是应用型课程能否发挥作用的关键，学生真做、真学、掌握真本领需要真实职业环境以及学生对工作全身心的投入。因此，学校以及学生主体支持成为应用型课程建设的关键要素。

学校除在教学环境建设中需要付出较大努力外，还要对应用型课程建设过程中可能出现的问题进行及时改正。应用型课程与传统课程具有较大差异，传统教学内容、教学方法等在革新过程中必然发生变化，教学课程进度、教学质量与效果等方面在应用型课程建设过程中必然会经历试错阶段，教学双方在建设过程中会遇到重重阻碍与困难，学校在建设过程中要坦然接受试错成本，积极引领教学双方克服一切困难，从而推进应用型课程建设。学校与学生需要支持教育者积极投入探索活动中，给予教育者真实反馈，帮助教育者总结经验、加强应用型课程建设。

二、地方高校应用型课程体系

（一）专业基础课

专业基础课是高校课程体系中的奠基课程。学生通过学习专业基础课除能够掌握专业学习的基础知识外，还能够初步涉猎专业领域前沿基础知识。专业基础课既能够使学生对专业更加了解，还能够帮助学生更好地学习专业核心课，同时，课程中的专业领域前沿知识内容能够激发学生对专业知识学习的好奇心。

专业基础课内容一般包括专业知识当中的基本概念、规律、原理以及技术等。学生只有熟练掌握专业基础知识，才能更好地学习、应用专业知识。学生如果对专业基础知识掌握不牢，会在一定程度上影响其专业核心课程学习。专业基础知识是专业基础课中的核心内容，且随着学者在专业领域的不断深入研究，专业基础课内容将不断延伸与拓展。专业基础课内容中包含专业领域前沿相关基础知识，学生在学习过程中能够对整个专业领域包括专业领域前沿有一个整体性了解，也能够初步掌握自身所学专业领域发展情况，且能够对专业领域进行合理展望。学生对专业领域前沿知识的了解，除能够促进学生对专业领域产生科研兴趣外，还能够使学生更加清楚地认识到专业基础课的重要性。

（二）专业核心课

专业核心课与专业基础课相对应，专业基础课内容是学生学习专业核心课的铺垫，专业核心课内容是专业基础课内容的延伸，其内容更加具有专业特色，是培养学生专业核心能力的主要途径。专业基础课与专业核心课都是向学生传授专业知识或技能的课程。

专业核心课程建设是高校课程体系建设的重要内容，专业核心课建设需要与社会需求相适应、以培养学生专业核心能力为目标。学生通过专业核心课程学习能够掌握专业知识与技能，帮助学生获得从事本专业相关工作的能力。专业核心课程建设不断优化与创新能够促进学生进入社会后具有市场前瞻性、专业对口率高等优势，促进学生就业，为社会发展提供高质量人才。

（三）新课程置入

高校课程体系建设是不断优化已有课程体系的过程；高校课程体系建设是继承过去课程体系优势，并在此基础上创新、置入新课程的过程。我国高校课程建设将不断置入新课程，促进当下课程体系优化。高校课程体系建设不断发展则能够促进高校形成自身特色，使我国教育行业百花齐放，获得持续、稳定发展。高校自身特色形成是课程体系建设的关键。高校课程体系只有形成自身特色，才能够提升自身竞争力、为学生提供更加优质的教学服务。因此，新课程置入并非追求多和广，而在于精与专，新课程置入要能够促进高校自身特色形成。高校新课程置入没有固定策略，它需要高校根据自身教学现状、学校优势以及地方特色等因地制宜设计新课程置入策略。

新课程置入应与国家主导意识形态保持一致，成为国家发展基石。我国高校新课程置入应与国家教育改革方向相吻合，并能够充分体现社会发展需求，紧跟时代脚步为时代进步提供力量，甚至于引领时代发展。我国高校新课程置入应满足高校立德树人任务要求，培养学生形成良好的思想道德，提升学生综合素质。新课程置入伴随高校教师队伍发生转变，教师需要理解新课程置入的具体含义，积极转变自身教学观念等，促使自身成为符合新课程置入要求的人才，推进高校实现课程体系建设。新课程置入过程中，教师作为教学活动的主导者，需与学校紧紧联系在一起实现整体转变，完成新课程置入。

高校新课程置入需要明确自身目标与方向，确定自身着力点。只有置入适合自身的新课程，才能产生好的效果。新课程置入只有从合适的着力点出发，才能促进课程内容、课程编制等形成凝聚力，最终促使新课程置入产生事半功倍的效果。新课程置入目标要从促进人的成长出发，帮助学生真正掌握新课程知识应用。

"课程"在广义上包括教学目标、教学大纲、课程内容等显性课程以及校园风气、课堂氛围等隐性内容。新课程置入是一个系统工程，是显性课程与隐性课程协调置入高校教学活动中的过程，其中包含课程设计、实施以及评价等具体内容。

第二节　应用型课程改革

课程是高等教育改革的重要方面，要突破传统学科型课程教学的不足，具有相对独立性、完整性和及时性的特点。在我国，随着课程改革的研究和实践，应用型课程的使用范围逐步由职业院校扩大到普通本科教学。不少高校已经对应用型课程进行大量的实践探索。

一、应用型课程与模块化课程

关于应用型课程的研究，姜大源认为，要重视课程的内容和课程的整体结构设计，首先应确定职场或应用领域里的典型工作任务；课程的单元结构设计，要考虑职业的特征；课程的教学结构设计，要将典型化的工作过程进行教学化处理。曹勇安教授认为，应用型课程是应用型人才培养的基础。他根据齐齐哈尔学院课程开发的案例，以三级矩阵课程开发基本流程，结合课程改革本质，对应用型的课点进行了重新组合和优化。

模块化课程既是一种课程结构也是一种教学模式，是围绕一定主题或内容的教学活动或教学单元的组合。每个单元在时间和内容上自成一体，包含学习目标、前提性能力、教学方法及时间、内容、成绩测量与标准五个部分。模块化课程体系是指将专业内单一的教学活动进行重新组合，使之成为新的主题式教学单位。模块化课程体系基于专业培养方式及应用型人才的培养目标，建立基础能力培养、专业技能培养、综合能力培养、社会检验及反馈的层级模块管理体系。在模块设置中，需深入了解专业课程的教学目标和教学方式，分析课程间的内部逻辑关系，将课程进行科学性、合理性分类，从而整合为相对独立的课程模块，建立学科课程模块库，最终形成个性化课程体系。

模块化课程将知识按照专业能力发展需求进行整合，打破传统学科的知识逻辑体系，精简内容，形成了知识模块，降低了传统学科课程重复率，使教学更有针对性；将理论教学与实践教学紧密结合，打破了传统课程理论与集中实践教学各为整体的时间边界，在同一个模块内将理论学习和实践操作交叉进行，从而实现了理论课和实践课时间上的融合；减少了对教材的依赖，可以根据学科及行业的发展及时补充优选课程内容；改变了传统意义上学科课程的建构模式，课程高度综合成一个个完整的微型单元，各单位模块均可以被其他模块替换。这样，就便于在课程组合上进行多样化的选择，教学安排的灵活性会更高。

二、应用型课程目标的调整

首先需要对课程目标进行调整，一方面新的课程目标需要达到明确、具体的要求，另一方面新的课程目标需要长时间发挥作用。应用型课程目标需要与社会需求相适应，要始终坚持以培养专业人才、提升学生素质、帮助学生掌握真本领为核心目标。

在与社会需求相适应方面，应用型课程作为教学与工作的有机结合体，需要与社会需求相适应才能真正发挥其赋予学生真本领的作用，与社会需求适应并紧密结合是应用型课程目标最直观的表现之一。目前，我国地方高校应用型课程改革已经与社会需求保持相同趋势，但是却存在调整不到位、相对滞后的现象，应用型课程目标调整的主动性不足，往往属于被动适应。这种现象说明高校与对口企业间的沟通交流不够及时、深入，对社会需求变化不够敏感等。应用型课程是增强学生真本领，使学生能够更好步入工作岗位、融入社会发展的课程。高校只有与企业密切、深入合作，才能准确、迅速掌握社会需求，使学生毕业后能够直接融入企业对口工作岗位，满足企业相关工作岗位各方面的要求。高校科研与企业平台需要紧密结合，高校科研将为企业解决问题、提供人才奠定基础，企业发展则反哺高校科研，最终实现产、学、研一体化。

在人才培养方面，部分地方高校依然沿袭综合性大学人才培养的模式，以培养研究型人才为目标，专业设置过多，且内容冗余，不利于应用型人才的培养。地方高校必须转变观念，以培养高素质应用型人才为主要目标，设置应用型课程。应用型课程核心是培养"专精"人才，课程目标调整应以培养学生专业能力、社会能力为主，通识教育为辅；同时，应用型课程目标应培养学生的综合素养和良好的道德品质。地方高校应明确自身定位、优势等，专注自身特色专业发展，减少冗余专业资源投入，通过扬长避短策略调整应用型课程目标，集中力量打造自身优势专业，形成高校特色。

三、应用型课程的设置

专业的概念具有方向性，与特定职业相联系，专业学习能够为学生投身特定职业奠定坚实基础。高校专业结构设置能够体现出课程设置的特点，应用型课程设置调整需要从专业结构设置入手。设置应用型课程时，需要从实际出发，充分结合企业、行业发展的要求。应用型本科教育与职业教育并不等同，应用型本科教育比单纯职业教育的范围更加广阔。应用型课程与真实工作环境紧密结合，一方面能够真正为企业创造价值，另一方面能够真正为企业解决问题。应用型课程的编制、内容等多个方面的设置要与应用型课程目标相吻合，要能够为学生提供真实职业环境，让学生在真学、真做过程中切实掌握真本领。应用型课程设置调整要以真实生产实践活动为基础。

四、应用型课程的实施

（一）教学方法与手段的调整

应用型课程教学方法与手段和传统课程教学方法与手段存在差异，应用型课程教学方法与手段要和真实工作环境相结合。比如部分地方高校采用的案例教学法、项目教学法等，通过模拟真实工作环境，让学生熟悉基本工作环境。其中，案例教学法是指学生在课堂学习中进入工作环境，各个学生假定承担企业不同的岗位员工或管理者，学生基于自身岗位视角与其他学生针对问题进行讨论最终做出决策。项目教学法与案例教学法相似，通过模拟真实工作环境帮助学生提升工作能力，学生之间以小组形式对统一项目展开研究，完成项目后不同小组间可针对项目过程进行相互讨论，取长补短、相互学习。教师在教学活动中则以引导者身份，推动课程发展，帮助学生养成良好的学习习惯。

（二）教学内容设计的调整

应用型课程教学内容设计需要教育者综合考虑具体工作岗位需求以及学生职业成长规律、认知规律等，将工作岗位专业技能培养规律与学生认知规律等进行融合创造出应用型课程教学内容。教学内容与工作内容结合将形成资讯、决策、计划、实施、检查、评价系统化学习流程，学习单元、学习情境等将随工作内容而变化。

（三）教师队伍结构的调整

教师对教学活动开展效率具有重大影响，地方高校应用型课程稳步实施需要以良好的教师队伍为基础。应用型课程与传统知识传授型课程间存在巨大差异，这使得应用型课程教师队伍建设至关重要。只有不断调整教师队伍结构，使教师队伍能够胜任以实践内容为主的应用型课程知识传授，才能保证应用型课程高质量实现。教师需要从"理论型教师"向"理论与实践结合型教师"转变，教师教学观念需要转变为着重提升学生工作能力。教师需要与学生共同亲身投入真实工作环境当中，积累真实工作经验，从而为学生提供正确、实际指导。地方高校应用型课程教师队伍可以引进企业技术人员或专家，高校教师可以到企业具体工作环境中了解情况，促进高校与企业间深入交流，培养出高质量应用型课程教师队伍。

（四）应用型课程考核评价

考核评价是教学双方相互了解的重要渠道，教师通过考核了解学生学习成果，学生通过评价认知自身不足，从老师评价中找到克服自身困难的方法。因此，应用型课程改革需要调整课程考核评价方式。考核评价方式调整需要结合过程性评价、终结性评价两种评价方法，充分发挥两种评价方法的优势，并通过多样化考核方法对学生学习过程进行监督，促进学生学习进度稳定推进、学习效果达到一定标准，提升学生真实工作能力。

应用型课程考核可通过笔试、口试、技能测试、工作任务完成质量等形式进行，结合应用型课程目标对学生专业能力、综合素质等进行考核。学生需要适应真实职业环境，通过真做、真学来提升自身能力，积极主动应对考核，从评价中探索自身进步、学习方向。其中，我国过程性考核评价能够给予学生一段时间内学习成果的正确认知。相较于终结性考核评价注重最终结果的方式，过程性考核评价更加注重学生学习成长过程，两者结合能够对学生整个学习过程进行全面考核与评价，学生对自身成长不足与优势将更加清晰。

应用型课程考核评价需要从三个方面进行调整。一是考核评价目标调整。应用型课程考核评价需更加注重对学生工作能力与综合素质进行考核评价。二是考核评价方法与真实工作考核评价方法相结合。采用工作任务完成质量、工作速度、技能熟练度等指标对学生进行考核评级，考核评价方法需要结合工作环境进行调整，改变传统课堂考核评价方法，对学生考核评价要能够符合真实工作岗位需求，帮助学生适应真实工作环境。三是考核评价形式在符合真实工作环境要求基础上还要结合新时代信息化手段对考核内容、评价方式等进行设计，帮助学生更加便捷、快速接受考核与评价。比如教师评价通过新媒体渠道发放到学生手中，学生与教师能够通过新媒体渠道完成沟通，学生学习活动与工作活动将更加协调地融为一体，教师对学生考核评价渠道增加，能够促进考核评价经常化，从而促进过程性考核评价实施。

第三节　应用型课程开发

一、基于工作岗位的课程建设

（一）解决生产实践中的问题

应用型课程是课程类型之一，在课程教学定位上更多支撑或聚焦应用能力相关的毕业要求。其教学设计必须遵循基本教学的逻辑，在具体设计上要强调与关注课程所支撑的毕业要求中蕴含的应用特性与内涵，确保其在教学目标、教学策略与方案、教学考核与评价等关键环节上落地。

应用型课程内容，首先要关注产业、行业，解决在生产过程中遇到的复杂问题，主要包括专业工程实践标准及规范涵盖范围之外的问题、涉及宽泛的或技术冲突的工程问题、多样化需求的问题、不太常见的方法问题。应用型课程主要体现在培养学生解决复杂工程问题的能力。简单的知识或课程的堆积，会导致学生知识创新的淹没。学习与知识建立于各个专业节点之上，解决复杂问题需要关联知识和技术多个领域，应用性学习是将不同专业节点或信息源连接起来的过程，更强调知识的复杂性和关联性。

（二）搭建课程教学项目平台

项目教学已经在许多应用型高校实施，取得了较好的教学效果。因此，我们要建节点、搭平台，创造条件让学生将学到的知识有效关联起来，从而培养学生解决复杂工程问题的能力。

依据应用型课程的性质不同，每一门专业基础课和专业课都可以设计成实际项目、设计图、研究报告或论文等项目，根据项目搭建课程教学平台。一门课程教学的实施包括课程讲授和三级项目两个部分。一般一级项目与基础课程的实践相关，可以设计成课程基础的认知项目。学生通过查阅文献，对比分析该课程的基础及发展现状等，通过学习了解该课程讲解和需要处理的问题，列出报告提纲，最终完成报告、答辩。二级项目一般是课程设计项目，一个专业可以有两个二级项目。按照项目做课程设计，题目要多样化，向上与专业基础课相关的一级项目关联，向下与三级项目（毕业设计）关联。三级项目一般是毕业设计或毕业论文，教师可以根据实际工程或工作给学生出一些实际项目，学生可以做出产品。三级项目可以是大创计划、挑战杯、设计大赛等各类学科竞赛的创新创业项目。

二、基于人才培养的课程教学

应用型课程教学与人才培养紧密联系，一方面课程是为人才培养服务的，另一方面人才培养需要一系列课程作为教育教学支撑。一是要明确为什么开设这门课程，即本课程的教学定位；二是要明确本课程期望学生取得的学习成果是什么，即本课程教学目标；三是要如何帮助学生取得这些成果，即教学策略与实施方案；四是要知道学生是否取得了这些成果，这就牵涉教学考核与评价、教学改进等方面。其中，课程教学定位解决如何以培养目标为导向，以服务于毕业要求的达成为出发点与落脚点，明确课程所要支撑的毕业要求；课程教学目标解决如何立足课程所要支撑的毕业要求，体现课程教学的作用与特点，确立课程期望学生取得的学习成果；教学策略与方案设计解决如何以支撑教学目标达成为导向，进行教学内容选择与组织、教学方法与手段利用、教学条件与资源保障、教学考核与评价设计和教学持续改进机制的建立；而教学考核与质量评价除了度量学生的学习成果和课程教学目标达成度之外，还要为总结经验、分析不足、提出教学持续改进提供依据。

三、应用型课程开发的实践

（一）应用型课程开发的目标

传统课程开发是验证知识，应用型课程开发不仅仅是验证知识，还应基于应用的情境，以新的教学和学习方式，满足知识社会的需求，针对社会实践和专业实践中真实的问题，综合运用其所学的理论来制订解决方案。

传统课程开发解决的是基于单一学科或生产过程中的以单一流程为主的一种知识验证模式。基于现代新兴产业的发展，应用型课程开发是给学生提供一个整合概念和技能的综合性体验，让学生有机会去理解在课程中学到的知识，用新知识解决专业领域相关的问题。应用型课程需要解决的是由多层次、多形态、多节点的知识生产群，实现的是知识生产、知识扩散和知识使用的复合系统融合。

（二）应用型课程开发的内容

1. 应用型课程的结构

课程设置一般以实际的技术或项目为线索，将学科知识和素质融合于能力培养中，以能力培养为核心、学科知识为支撑设置课程。

应用型课程的结构是人才培养的课程体系中课程与课程间的关系。基于应用型人才培养的定位，随着对实践教学要求的不断提高，应用型课程渐渐融入技术型、工程型等人才培养要求之中。应用型人才培养侧重培养学生"科学应用"的能力，以应用研究和实际操作为主，需要学生具备生产和服务一线的能力。以学科知识掌握和应用能力并重，直接体现技术应用能力的培养，所以需要一种新型的课程结构。这种结构体系不再依赖知识的学科分类和课程的性质，而是必须体现"跨界"这一重要特征，即任务驱动下的课程融合。课程之间必然存在有机的连接关系，即课程融合。这种融合既可以发生在课程内，也可以发生在课程间，课程不再是相对独立的知识单元，所形成的课程体系则由课程单元相对独立的树形结构转变为课程之间的有机连接。

2. 应用型课程安排的顺序

课程顺序是指课程开设的时间和次序。顺序既包括知识学习和能力训练方面的顺序，还包括工作流程和产品流程方面的顺序。学生在大学四年可能要上四五十门课程，课程安排的顺序怎样？在学科知识体系下，课程和知识相对独立，对于知识的积累而言影响不会太大，而且课程之间存在知识重叠现象，会造成重复学习和学时的浪费。在应用型人才培养的课程体系中，课程在跨界融合的前提下，先上哪一门课后上哪一门课，课程前后衔接必须满足"流程"需要，课程开设的前后衔接变得尤为重要，需要考虑课程知识的衔接。课程之间的衔接关系是什么？所以，顺序不是单一的标准，而是多维度下的知识与课程的时间排序。

3. 应用型课程的内容

课程的教学内容是由课程目标决定的。按照 OBE 教学理念，从培养目标到课程内容的衔接关系是：应用型人才培养的目标—毕业要求—毕业要求指标点—课程体系—课程目标—教学内容。从人才培养的目标到教学内容是反向设计，从教学内容到人才培养目标是正向实施。应具备对课程目标和教学内容两个层面的实践与理解，就是要基于毕业要求指标分解课程教学目标，从而设计课程教学内容，逐级支撑毕业要求和培养目标的达成。

以 OBE 理念的视角，课程教学内容直接取决于课程教学目标、间接取决于毕业要求，而不是学科知识体系下分割出的某一知识模块，更不是教材的目录。学科知识是课程学习的理论基础，教材是课程学习的参考书，不能单纯依赖学科知识或教材开展教学。所以，课程教学内容应该是整个教学团队一起根据应用型人才的培养"设计"出来的。基于工作过程的系统化课程对传统学科知识进行解构与重构，并设计了形成具有整合课程所需的知识点和技能点的系统项目，使教学的有效性大大提升，最终使课程教学目标可以更加有效地达成。

应用型课程开发包括课程开发的目标、内容、组织、保障和评价。应用型课程开发的目标应基于企业、学校、学生等，以胜任岗位、改进工作为目标。新知识的生产过程中需要跨学科的合作，要保障这样的合作顺利，需要考虑合作方的利益诉求。因此，课程的开发与设计需要考虑多方利益，并对此建立合理的制度，才能保障课程的顺利推进。

第四节　应用型课程改革的实践——以许昌学院为例

近些年来，许昌学院以"学生中心、成效导向、产教融合、持续改进"为基础，实施"应用型课程建设计划"，强调按照 OBE 理念对传统课程和教学内容进行重构，使生产链与课程链、创新链有效衔接，并以能力培养为重点，设计了素质教育模块、知识学习模块、能力实践模块，构建了新的应用型课程体系。

一、项目驱动带动课程重构

（一）项目驱动教学

以"项目驱动"为主要特点的课程重构。《庭院设计》一个学期 72 个学时的课程被分成小庭园设计、城市广场及绿地设计、居住区设计、滨水及湿地综合景观设计四个情境，每个情境项目又分成任务布置、知识储备、项目调研、项目讨论与概念设计、详细设计、项目汇报、成果展示七大实施步骤。为学生的"学"设置了真实情境，让学生在"真题真做"中真正掌握风景园林设计的基本理论和实操技能。《包装设计》课程授课教师对传统的教学知识进行解构和重构，以项目需求为参考来整合知识模块，得出新的行动教学体系，而学生则要完成市场调研、项目构思、方案设计、成果制作、产品评价等工作步骤，原来教师按部就班讲授的理论知识被放置到具体的情境中，变得更加有的放矢。该课程也成为许昌学院首批应用型课程改革项目之一（见图9-1）。

图9-1　项目驱动教学

注：图片来自许昌学院校院官网。

（二）工程项目进课堂

应用型本科课程强调任务驱动和做中学，但任务从哪里来？不能由老师空想设计出来，必须源于真实项目，真题真做。《测量学》是一门基础课程，该课程利用"真项目"，依赖"真环境"，让学生学会"真本领"。该课程共有54个学时，教师根据水准测量、角度测量、距离测量等项目将学时进行分配，学生们则分为若干个4~5人的小组，利用校园内测绘控制点这一"实题"，"模拟"真实项目流程进行实践操作。整个项目需要同学们进行理论知识学习、项目实际操作、项目计划汇报、项目任务评价与展示等步骤。课程期末再进行为期一周的综合实习课程，到山地、农村等地进行多种情境下的实践操作。

通过项目分配到四个小组中，在专业实习过程中出现的各种问题，让学生自己主动去翻阅书本上的知识、查阅网上的资料、主动请教老师去解决，通过项目处理，了解技术原理，服务实践，学习新的知识。学生投入真实化、完整化、规范化的操作过程中，一方面，加深了对理论的认知，锻炼了学生们独立思考问题和解决问题的能力；另一方面，小组制又促使学生体会到团队的力量、协作的重要性。在实践项目的操作过程中，小组内成员根据本组项目进行项目计划书的展示、测量仪器的实践操作、测量数据的记录与计算，小组内成员在实践过程中随时就出现的问题进行探讨。

二、把课堂"交"给学生

(一) 从"我来学"到"我来做"

通过自主设计教学案例,从"我来学"到"我来做"。室内课堂不只是"模拟练兵",还需要教师带领学生走出校园,专门设计室外教学课,进行实地考察调研,进行真实环境科学分析。如《园林绿地设计》课程,室内课堂通过分组对项目进行调研并拿出了设计方案,但从图纸上看不出地形等现实因素的变化。让学生走出教室,实地考察许昌周边园林绿地,综合公共空间并进行改造性设计。每组学生在阐述设计理念时,其他组的学生会分别扮演开发商、政府官员、市民等角色,提出质疑,通过现场调研直观地感知问题所在。通过这些环节,学生从功能、形式、环境诸方面综合考虑,因地制宜地设计各类园林绿地(见图9-2)。

图9-2　案例式教学

注:图片来自许昌学院校院官网。

师生们来到学院河沿河一带,老师边走边提问,问题涉及路边的植物名称及种类、建筑的优缺点等,学生有疑问也会当场提出。调研后,学生分小组形成报告,并在下节课做阐述。对现有景观进行调研、反思后,对如何将人的生活习惯融入美学概念、进而创造更好的人居环境有了更深的理解。

学生在设计前期要做很多准备,不仅仅是对地理位置、占地面积或者人流量进行初步的了解，还包括对所在区域导向牌存在的问题进行调研。同学们要在充分考虑导向牌的功能性、规范性、实用性、美观性的基础上，将地域特色融入设计，拿出细化设计方案，在课堂进行汇报展示。

（二）教师从主讲到主导

打破传统教学方式，把课堂"交"给学生，给学生一定的自主性，课堂才会更有生命力。但把课堂"交"给学生，并不意味着教师角色的缺失，相反，老师在课堂上的主导作用会变得更加重要。"以教为主"变为"以学为主"，项目驱动使理论知识融入具体情境中，学生们的探究意识、问题意识、专业热情、行业认同感有了很大提升。

（三）把课堂搬进"生产车间"

上课没有课本、上课地点不在教室而在操作间中、学生们前往企业进行学习、邀请企业人员来校授课、学生自己组织生产操作……这些"小特殊"共同构成了《化工生产管理》这门课程的"大特色"，该课程主要以培养化工专业面向生产、管理一线的工程技术人才为教学目标。真正交给学生一个实践项目，让他们动手去做。在教学过程中，老师们发现仍然存在很多问题，甚至到了操作间后，学生们竟然无从下手。为达到应用型人才培养的目标，老师们下定决心改进教学方法，让学生走进"生产车间"既能掌握理论、提升实践能力，还能具备管理能力（见图9-3）。

图9-3　真实情景教学

注：图片来自许昌学院校院官网。

根据学生实际操作情况，在操作间里老师们会结合生产装置设备就地进行讲解，让学生自己发现问题、解决问题。同时，为了锻炼学生的生产、管理能力，每个课题都要"真题实做"，一堂课一个操作"课题"，让学生在组织生产过程中提高发现问题、解决问题的能力。要进行理论展示、实践操作，动手完成车用清洗剂"玻璃水"的生产，团队里的每一个人都要承担相应的角色；其他小组则要眼看耳听，拍照记录，对该小组的生产操作过程进行点评，老师最后答疑、总结。

三、构建"三微"课堂

"三微"课堂是指以微课、微剧、微辩论的形式进行课堂教学。可以将课程分为不同的专题，鼓励学生自主组建团队，引导学生自主选择感兴趣的专题，并通过"三微"课堂的形式展示学生自己的观点与对该专题的认识。通过学生自主学习、专题分享实施教学的模式。"三微"课堂很好地体现了以学生为主体、教师为主导、学生的获得感为教学目标的教学理念。

应用型课程是应用型人才培养的关键环节和重要保证。近年来，许昌学院聚焦应用型人才的核心能力和素养，实施了应用型课程建设计划，按 OBE 理念对传统课程体系和教学内容进行重新设计安排，把行业企业最新成果融入教学内容，初步构建了科学系统的应用型课程体系，取得了一些成果（见图9-4）。

图 9-4　课程改革创新成果

注：图片来自许昌学院校院官网。

通过"以学促建、以赛促教"的方式，持续开展一系列针对性强、形式多样的培训活动，助力教师有效开展课程建设与教学改革；举办应用型课程设计竞赛、应用型课程说课比赛、实践教学大奖赛、教学创新大赛等活动，展示教师们的课程建设与教学改革成果，在全校范围内营造浓厚的教研教改氛围。今后，学校将充分发挥其示范引领作用，加大应用型课程建设力度，持续推进教学改革创新，不断提升应用型人才培养质量。

参考文献：

［1］王红宇，徐晓云. 未来课程模式［J］. 外国教育资料，1996（2）：14-20.

［2］毕智高，王金玺. 地方应用型院校模块化课程体系改革探讨［J］. 科教导刊，2018（2）：40-41.

［3］徐晓艺，朱怡. 基于模块化视角的景观设计基础课程教学研究：以"灵感生发（Inspiration）"课程为例［J］. 设计艺术研究，2121（4）：118-112.

［4］付广艳，李荣广，张金萍，等. 基于应用型人才培养的课程体系构建与课程建设［J］. 化工高等教育，2019，36（1）：57-59.

［5］施晓秋. 应用型课程设计的内在逻辑［EB/OL］.（2020-06-04）［2020-08-25］.https://www.csdp.edu.cn/article/6454.

［6］杨茜. 大学"顶点课程"与高质量应用型人才的培养［J］. 黑龙江高教研究，2019（2）：39-43.

第十章　实践教学与应用型人才培养

第一节　实践教学基地建设

科学合理的实践教学体系是应用型人才培养的根本保证。高校应根据应用型人才培养的目标，根据专业建设与发展规划，紧密结合理论教学的实际，按照"整体规划、分步实施、逐步完善"的思路，建成功能齐全、设施完备、运行灵活、资源共享，且能够满足各专业实践教学需要的实践教学基地。实践教学基地建设必须保证与教学计划协调一致，确保实践教学内容、环节在教学计划中的地位、顺序和时间分配等，满足应用型人才培养的要求。

一、实习实训基地的内涵与建设

（一）实训基地与产教融合平台

实习实训基地指的是高校为人才培养和满足某专业或专业群建设的需要，将多个相关的实验实训室联合，营造相对系统、完整的实习实训环境。实训基地用于学习者的实践技能提升和工学结合。实训基地分为校内实训基地和校外实训基地，两种实训基地都可以通过校企单独或者合作建设成立。实训基地建设不仅是应用型院校实施实践教学的基础，而且是完善现代职业教育体系、培养复合型技术技能人才的重要途径。

产教融合基地是根据应用型高校把产业与教学密切结合，相互支持，相互促进，把学校办成集人才培养、科学研究、科技服务于一体的产业性经营实体，是产业与教育的深度合作。产教融合基地是政、校、企、行等多方力量联动，建立起来的教学、生产与实践一体的实体，实现"双元"育人。

面向技术技能人才紧缺领域，与政府、行业协会、相关企业联合搭建产教融合平台，树立"依托产业办专业，办好专业为企业"的理念，将"产教融合、工学一体、校企合作"等重要理念转化到人才培养中，积极融入区域创新生态系统，跟踪产业发展动态，健全人才、技术、项目、设备等校企资源与供需对接机制，为技术技能人才培养、科学研究、技术研发、社会培训提供资源和服务，培养社会需要的应用型人才。

（二）实训基地建设存在的问题

在政府主导层面上，一是政府应主动为校企双方牵线搭桥，深化产教融合、校企合作；二是政府对校企合作的资助力度不够，校企合作激励机制不健全，企业参与校企合作动力不足；三是受传统观念的影响，政府权力过大、干涉过多，院校的办学自主权有限，不能根据经济社会发展需要对学校资源和教育教学活动做出更为有效的调整。

在校企合作层面上，实训基地是培育技术技能人才的重要载体，既担负着一体化教学、学生专项技能培训等任务，又承担着"双师型"教师培训、技能培训、职业技能鉴定、科技成果转化等任务。实训基地建设存在"产""教"矛盾，处于共享与自用、学历教育与继续教育等困局之中，许多问题的解决举步维艰。当前，由于受客观条件的限制，实训基地建设仍然偏重于教学。而在教学环境与生产环境、教学任务与工作任务、作业完成与产品生产等的对接方面，真实企业的"生产性"没有体现。无论是以"产"为核心的生产性实训基地，还是以"教"为核心的教学实训基地，由于不同主体间的关系、利益诉求的差异较大，教育公益性与企业营利性的矛盾仍然存在。实训基地建设重建设、轻高效运用，实训基地使用效率不高。学生实习实训的覆盖率不大，促进师生技能提升的作用发挥不够，助力区域技术水平提高的功能不突出。

在指导的教师方面，一是实践教学基地内实训指导教师数量不足，生师比偏低，尤其是缺乏"双师型"教师；二是实训指导教师实践水平偏低，实习实训的指导能力不强。此外，教师由于缺乏实战经验，在深入企业一线生产实践和指导实习实训时容易脱离生产实际，往往指导得过于简单化，针对性和操作性不强，创新性不够。

在基地管理方面，随着校企合作的深入，高校存在有若干个甚至几十个校外实践教学基地。除个别综合教学实习基地有专人管理外，许多校外实习基地主要还是依靠专业教师个人的社会关系所建立起的临时性实习单位管理，难以满足学生系统的实习。对于生产企业而言，往往以生产经营需要和生产计划为依据提供学生实习实训岗位和实习时间，在实习人数和时间上难以很好地满足实习实训的需要。有些实习基地对于学生学习、生活等也缺乏统一管理，并且往往以工代训，缺乏系统性培养和统一的评价标准，甚至存在诸多安全隐患，很难达到理想的效果。从教学管理来看，对于校外教学实习基地尚缺乏科学、统一的评估指标，造成了校外实习基地良莠不齐。此外，资源共享不足。对专业实习而言，生产与学生实习实训在共享设备、共享场地、共享实训导师等方面产生矛盾。

（三）实习实训教学存在的问题

能力培养将是今后高等教育实践教学改革的重要方向，而实践教学又是以能力培养为主要目标的教学环节，因此，加强实践教学的改革迫在眉睫。

当前，实践教学基地建设、实践教学内容、教学方法以及教学管理的改革等方面存在一些问题。实验教学中，实验仪器设备不齐全、不配套，试验设备陈旧，特别是一些需要人人动手训练的项目由于台套数不够，无法达到计划中的目的；实验教学中，验证和演示型的实验教学多，综合型的实验项目少，而设计型的实验项目更少。实习过程中，教学力量投入不足，无法通过讨论课等形式来启发学生的思维和学习的自主性；认识型实习和参观型实习多，动手操作的实习少，而生产型实习（或称见习）很难开展，现场气候条件、实习时间（短促、零散、分割）严重地制约了实习的质量与效果。毕业设计过程中，学生的自主作用和教师的辅导作用未能有效地发挥，现有的毕业设计无法满足师傅带徒弟的毕业设计指导模式。未能有效地利用课外时间特别是假期组织第二课堂开展实践教学，在教学计划与教学管理中对利用暑假开展实践教学的问题未能提出明确的要求。实践教学的教学力量相对薄弱，由于教师的实践经验不足影响了实践教学水平。

传统教学用具是黑板和粉笔，课程内容教具准备较为困难，教师不能多种形式、多角度地提供给学生。部分课程需要形象思维，而传统教学模式不能给学生想象的空间，一定程度上限制了学生的开拓性思维，扼杀了学生的创造能力和创新能力。传统实验教学存在以下缺点：实验试剂价格昂贵，消耗量多；实验需求的实物用量大，重复利用率低；实验教学设备陈旧，教师工作量大，步骤烦琐；学生实验操作动手机会少，实验效果不佳。

二、实训基地建设的内容

（一）对接产业建设实践教学基地

根据学校的专业布局和课程设置，依托地方产业，个性化配置建设实训基地或实训室。根据市场的发展变化，实施专业动态调整机制，不断优化专业布局，加强实训基地或实训室建设，以培养满足社会发展对应用型技能人才的需求。坚持"政府引导、多方参与、学校为主、企业配合"的校外实践教学基地建设思路，建立"合作重实质、功能重实用、管理重实效"实践教学基地。

在管理体制上，成立"政、校、企"三方联合机构，形成长效联络、会商、反馈机制。大力推行"创新实践+校企共育"的人才培养模式，突出校企双方在人才培养中的同等主体作用，实行"四共建"合作育人模式。构建培养方案与课程体系、共建实践基地与师资队伍、构建培养计划与实践教学模式、共建人才培养质量监控与评价体系。

根据专业所面向的职业岗位群及能力要求，把企业需求融入专业建设、人才培养方案制订、实训课程安排等应用型人才培养的全过程，确定岗位及生产过程所对应的专业核心能力模块。依照"知识、技能、素质"三个维度，根据需求建立实习实训基地，并促进实习实训基地的不断更新和完善。

（二）坚持理论与实践教学一体化

实践教学基地建设，必须坚持理论教学与实践过程一体化，以问题为导向，将以理论教学为重点转变为以实践教学为重点的人才培养模式。突出学生实践能力和解决实际问题能力的培养，提高其实践能力。

加强实践教学基地的网站建设，网站内容涵盖开设的实践课程、实践教学项目、实践教学内容和案例。对接课程网站，便于适时及远程指导教学活动。

在上述工作的基础上，不断总结经验，凝练特色，创新实践教学模式，建立适合于向全省相关专业推广的实践教学示范点。

（三）加强实训基地教师队伍建设

建立一支数量充足、结构合理、水平较高的实训指导教师队伍。一是师资源于依托单位，主要包括依托单位工程设计、实践经验丰富的管理人员；二是师资源于学校派出的教学经验丰富承担实践教学任务的教师。此外，还要建立一支高素质的实训基地管理队伍。加强企业与学校的互动交流，特别是在实训基地或实训室构建中的沟通和探讨，并针对实际教学中出现的问题进行及时的交流，让实践教学贴近生产实际。

对于双方承担实践教学任务的教师，首先要进行实践教学技能及教学内容培训，通过知识结构及教学技能培训，为教学质量提供坚实的基础。建立涉及安全管理、教学质量评估的规章制度，保证施教过程中师生的人身安全，确保教学设施正常运行的安全及管理保障。在实践教学经费方面，主要源于大学生实践教学基地建设费用以及依托单位设施运行费用，保障实践教学基地的长期正常运行。构建适合于实践教学基地实施教学活动的质量评价体系，保证教学质量的评价。

加强实践教学基地的管理，在功能上，全面实现校企间的"人才培养方案双定""实习岗位双选""实践教学过程双导""实践教学管理双联""实训质量双评""实践教学效果双考"。不能仅让学生在实践教育上获得知识和技能的培养，还要为政、校、企深度合作服务，成为产、学、研紧密结合的平台。

三、实训基地的类型与机制

（一）实习实训基地的类型

根据应用型高校人才培养需要，实训基地的类型逐步丰富，功能不断拓展，体现出多样化与地方性特征。按照实习实训的功能，我们可以把实习实训基地划分为专业实践类基地、职业技能类基地、生产实训性基地、公共服务性基地四种类型（见表10-1）。不同的实践教学基地服务目标不同，有以培养学生实践能力为目标的实践类基地、有以培养技能技术能力为目标的技能训练类实训基地，也包括社会全体劳动者的就业再培训公共性基地。就服务功能来说，有教学培训型、职业技能鉴定型、就业服务型、技术研发和社会生产型等，充分体现了实践教学基地建设的跨界教育本质。

表 10-1　实习实训基地的类型

基地类型	能力目标	服务功能	主要特点
专业实践类基地	培养学生的专业实践能力	为专业实践教学服务	提供专业实习实训；专业建设，技术前沿
职业技能类基地	培养学生的技术技能	为职业技能鉴定服务	为学生提供职业岗位教学
生产实训性基地	集教学、生产于一体；培养学生的岗位认知能力	为学生提供职业岗位、技术研发和社会生产	校企合作师生互动。产教融合，技术研发
公共服务性基地	社会全体劳动者的就业再培训	服务学生就业、公共技能培训	公共性、开放共享

（二）实习实训基地建设机制

实习实训基地建设必须依托政府或企业，涵盖多个相关专业和多个产业领域，具备多种岗位锻炼功能，建立一套包括体制机制、专业实习及实践教学运行机制和实习实训的质量检查与评估等完善的机制体制，保障实践教学的实施。

1. 体制机制建设

为适应实习基地建设需要，进一步完善实习实训基地的管理制度。根据专业特点及优势，制定实习基地建设规划，明确实习基地建设目标、内容、进程，建立健全各项实习基地建设的管理规定，确定实习基地建设负责人，使之科学化、制度化。

2. 专业及运行机制

突出专业特点，纳入专业建设。积极与实习单位一起研究建立健全实习保障体系，使接受实习工作成为实习基地单位的工作之一，同时，协助实习单位开展各类活动。实训基地是开展实践教学的重要保障，也是实习基地的重要组成部分，根据学科专业发展规划，有计划分步骤重点建设几个高质量的实训基地。加大对实习基地建设的投入。每年划拨专项资金用于实习基地建设，加大对实习基地建设的投入力度，以保证实习基地建设的经费投入。加强与政府和各行业的沟通，力争在政策、资金等方面的支持。

3. 检查与评估机制

为进一步加强实习基地建设，确保实践教学各环节落到实处，每学年定期召开实习基地负责人座谈会，倾听实习单位的意见和建议。通过对实习实训基地进行检查、评估，不断总结经验，提高实习基地建设水平。

四、构建"四维一体"实践教学体系

所谓"四维一体"实践教学体系，是指实践教学平台维、应用能力培养维、实践创新培养维和实践教学保障维。

（一）实践教学平台维

就实践教学平台而言，主要包括校内实践教学平台和校外产、学、研实践教学基地。依托校外实践教学基地，强化知识型实训、生产性实训和顶岗实习，通过顶岗实习使学生加深对职业岗位的认识，培养学生的实际操作能力，提高学生的工程素质；依托校内实践教学平台，了解实验仪器的操作规程，掌握仪器的基本操作方法，规范编写实习、实训报告，培养学生合理使用常规设备、严肃认真的学风。

（二）应用能力培养维

应用能力培养主要包括认知、岗位生产等方面的能力。认知能力是在大学低年级，通过安排两周的认知实习，使学生熟悉行业发展现状，了解企业的生产环境，提高对未来岗位的认知，了解将来要从事的事业；岗位生产能力包括学生熟悉企业管理、项目流程、技能训练、岗位沟通能力等。根据企业的具体岗位，从实际项目中通过提出方案、设计工作过程，寻找解决问题的途径与方法。培养学生对实际项目的问题分析能力、管理能力、团队合作能力等。产品

设计能力主要是在高年级阶段，学生对岗位操作规程及相关管理规程等有了详细了解，通过科研锻炼和对生产过程的认知，掌握专业技术，培养学生参与工程方案设计、开发的能力。

（三）实践创新培养维

通过"理论教学—实习实训—研发创新"的教学模式，将科技创新寓于实践教学的全过程，开展工程素质培养、工程设计能力和科技创新教学。通过实验系列课、课内外集中实践教学、创新实践和课外竞赛活动等，培养学生的创新能力。

校企合作是研发创新的有效途径。根据地方产业的人才需求，依托校内外产学研创新平台，与企业签订联合培养协议。在校企共同的参与下制订人才培养方案，依靠学校解决教学问题，依靠地方资源，解决工程实践与科技研发问题。

（四）实践教学保障维

为确保实践教学的质量，学校建立并完善"校—院—生"三级实践教学质量监控体系。在学校层面，学校应不断完善了教学督导体系，将实践教学质量检查纳入教学检查中。比如深入实验室、实践教学基地，对实验课及实验室管理进行质量评价；定期采集实习实训和实验教学数据，进行质量分析，并对各学院开展实践教学情况进行全面总结。在学院层面，通过下达教学任务，开展中期检查和年度考核，对实践教学执行情况进行全面总结。在学生层面，定期召开学生座谈会，要求学生对校外实习进行总结，通过检查实习日志和听取学生对实践教学的反馈意见，保障实践教学的质量。

第二节　虚拟仿真实验教学

随着计算机技术的应用与发展，课堂教学日益多样化，课程设计也丰富多彩，进一步挖掘基于大数据、计算机技术、虚拟现实技术（Virtual Reality, VR），合理利用虚拟现实技术，以提升教学效果。

一、虚拟仿真实验教学平台

（一）三维虚拟仿真系统

三维虚拟仿真是利用计算机技术，采用沉浸式三维显示系统和装有传感器的手套，在伴有虚拟声音和感触下，使学生沉浸在一种逼真的环境中，可满足多种科目实习实训的需要。三维虚拟仿真系统由文件读写、资源库、模型场景设计、数据统计等系统构成（见图10-1）。

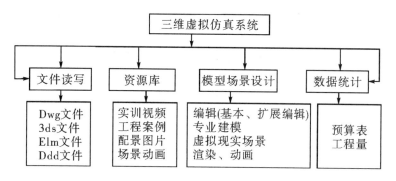

图 10-1　三维虚拟仿真系统

以风景园林专业虚拟仿真实验教学为例，三维虚拟仿真实验平台包括基础数据平台（资源库）、地理信息和设计平台（模型场景设计）、虚拟仿真设计模拟平台（文件读写）和虚拟仿真设计评价平台（数据统计）。

基础数据平台（资源库）。基础数据搜集是虚拟仿真的基础，培养学生掌握大数据分析的方法。按照数据搜集、数据预处理、可视化展示、预测、方案制订和评估等实验步骤，要求学生能够通过饼图、柱状图、曲线图等方法对不同类型的数据进行分析展示，同时能够理解并掌握大数据常用预测方法的原理和过程（见图10-2）。

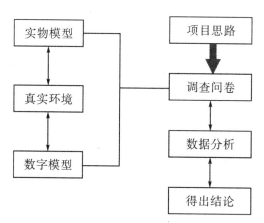

图 10-2　基础数据搜集与现实空间模拟

地理信息和设计平台（模型场景设计）。通过虚拟仿真实验和大学生课外研究、教师科学研究紧密相结合，提供课外综合性设计和创新实践项目，学生可以自由选题，并在老师指导下通过虚拟仿真设计开展创新性研究。

虚拟仿真设计模拟平台（文件读写）。搭建基于 Cplex 和 GIS（地理信息系统）的系统建模与优化平台，建立规范的景观设计数学模型和求解方法库，按照模型输入→分析模型条件和目标→模型构建和选择→平台运行→GIS 可视化的实验步骤，围绕景观设计、规划的核心问题进行景观设计仿真，注重培养学生以运筹与优化的思想来解决三维景观设计的能力，让学生加深对现实景观的模拟，分析其因果关系，找出反映内部机理的规律。让学生通过数字技术掌握景观数字化及虚拟现实技术的基本原理和知识框架，学习数字化景观和虚拟现实制作工具软件，综合运用现代技术解决实际问题。数字化手段在风景园林设计中的系统应用，包括基于日照条件的建筑总体布局生成、太阳能利用优化研究等。

虚拟仿真设计评价平台（数据统计）。基于 TransCAD 和 Vissim 等仿真软件，搭建逼近现实的景观建筑、道路和环境仿真平台，与实际景观系统进行数据交互，用于方案设计和评估。为了提高学生在规划设计方面的实践能力，按照数据调查→方案设计→仿真模拟→方案评估优化的步骤，对场景组织与设计方案提出若干种改善策略，实现多方案或方案空间的并行仿真及评价优选，并直观、量化地评估演练效果，培养学生掌握景观仿真的核心知识和操作方法。

（二）虚拟仿真管理四大平台

虚拟仿真管理四大平台是指技术支撑平台、校企合作平台、科教结合平台和资源共享平台。针对学科和专业特点，灵活应对专业课程学习所需的虚拟仿真实验环节，在每一类中都包含从宏观、中观到微观尺度的实验环节，各门课程可以根据需要灵活自主地选择相应的实验环节开展虚拟仿真试验。从而弱化各学科的分界，加强各专业的交流和融合，使实验资源能够更有效地服务于人才培养。

技术支撑平台。该平台包含空间、硬件、软件和人员四个支撑模块。空间支撑模块以重点实验室为主体，联合校内其他专业实验室和实验中心共同建构；硬件支撑模块包含云计算及存储系统、室外环境监测系统、室内环境模拟系统、城市交通与空间模拟系统、风洞试验系统等；软件支撑模块由虚拟仿真实验教学所需的近百种软件构成，并通过与高科技公司的长期战略合作协议，可持续发展；人员支撑模块包括本院专业教师、研究人员和校内外协同实验教学师资。

校企合作平台。该平台与企业、行业协会、科研院所以及相关企业紧密合作建构，在协同实验师资、共享教学课题、整合技术空间等方面取得了丰硕成果。

科教结合平台。教师与科研人员融合；学生实验能力提高与实验教学内容深化相结合；实验空间与设施共享；实验教学与实验研究成果共享。在虚拟仿真实验教学课程中将科研理念、价值、方法融入教学。

资源共享平台。依托本中心网站，通过教学视频网络、教学课件、规章制度的网络共享，构建资源开放模块，融合数据采集、信息发布、互动交流，成果共享，数据整合等内容，通过流程设置、开放机制和协同机制确保资源共享的实现。

（三）"三层次""四结合"体系

"三层次"是依照学生认知规律和实践教学需求，将虚拟仿真实验教学内容细分为基础演示仿真、综合设计仿真、创新实践仿真三个层次。

基础演示仿真是根据实践教学内容进行示范性演示，从而让学生对所学相关知识和实践内容的认知与学习。在立足于通识、提升与创新三个层次的基础上，进一步进行不同教学模块的建设，同时鼓励教师们进行交叉学科教学实践的探索。

综合设计仿真则是在学生对基础概念和操作规则形成基本认知之后，根据实验教学内容自主选择实验设备和项目进行的综合性设计与实验。如园林施工虚拟仿真实验，通过三维虚拟仿真的实训场景漫游，在工艺操作过程中加入仿真操作动画，形成身临其境的仿真效果，有效地演示施工过程的施工方法和工具机械的操作过程，并且加入了整套的施工规范、图集、图纸、规程、标准，在工艺过程中必要时弹出对应规范内容，配合 4D 微课，使学生了解学习真实施工中的施工工艺操作流程和施工方法。

创新实践仿真则是学生应用专业学科知识，融入个人创新理念，并结合学科发展前沿，参与科研创新项目，并将之转化为虚拟仿真实验教学资源。如园林施工管理虚拟仿真实验。在园林施工管理演练仿真中，学生以个人或者团队的形式扮演主要岗位角色，分工协作，自主漫游，体验真实建筑工程项目施工管理全过程，通过 3D 模型、3D 仿真互动、图示图解、视频动画等综合学习，提升学习效果，使学生掌握施工管理业务流程、岗位工作内容及方法，提高学生综合职业能力。

"四结合"是以实践知识内容获取路径为依据，将理论课程与实体实验、教学内容与科研项目、室内仿真与实际工程、设计案例与企业实践等相结合。

理论课程与实体实验相结合，将相关知识与具体工作相结合，以理论知识指导实践，实践强化理论知识的掌握，实现理论与实践的统一。以科研项目为基础，从教学实际出发，开发的相关仿真教学装备与软件都很好地适应了教学需要，真正实现了产、学、研的紧密结合。室内仿真与实际工程相结合，学校的地域优势给学生现场实训教学创造条件，有利于室内的虚拟仿真操作与现场生产实际相统一，实现零距离对接。设计案例与企业实践相结合，将理论内容与工程实践及工程方法相结合。

二、虚拟仿真实验教学体系

（一）虚拟仿真实验教管理

虚拟仿真实验教学管理主要包括虚拟仿真实验教学的硬件系统、网上共享平台、实验教学资源与数字化信息库三方面。为多个相关专业的本科课程提供虚拟仿真教学条件，建立具有虚拟仿真教学、远程网络教学、多媒体互动教学和数字化创新设计等能力的教学研发基地。

虚拟仿真实验教学管理是由实验教师、管理员和学生共享平台，基于虚拟仿真实验教学中心门户网站，由实验教学资源、实验教学管理、实验教学考核与评估构成。通过实验教师实验准备，对学生学习过程进行指导、互动交流，学生上传实验报告、教师实验批改，实现效果评估（见图10-3）。

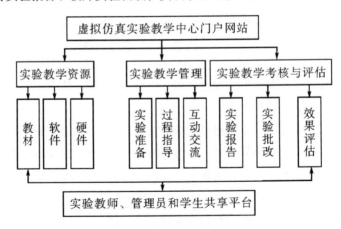

图 10-3　虚拟仿真实验教管理

根据人才培养要求，运用目标导向教学法，采用软硬件相结合的一体化教学手段，将持续改进思想、跟进式教育理念引入实验教学中，构建集课程开发、实习实训于一体的人才培养体系（见图10-4）。

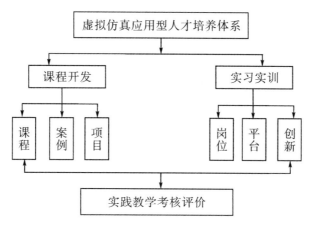

图 10-4 虚拟仿真人才培养体系

（二）"三位一体"实验教学

"三位一体"实验教学是指通识课、专业课与专业基础课程"三位一体""教、学、做"共融互通，实习、实训、就业"三位一体"，实验、实习、实训打通，通过学科专业相互交叉、相互融合、相互渗透的有机的整体。以实践能力培养为主线，通识课、专业课与专业基础课程"三位一体"，课程与生产岗位对接。积极推进通识教育改革，制订通识教育改革方案，使理工科专业实践课程比例达到35%、文科专业达到25%、实验课开出率达到98%。

构建实习、实训、就业"三位一体"实验教学体系（见图10-5）。与企业合作建立了校外实践教育基地、工程训练平台、产品研发平台，强化了综合训练、仿真训练、工程实训，开展了实践能力提升系列活动，举办了教师实践教学大奖赛、大学生技能大赛，师生都在比赛中得到了锻炼提高。强化毕业论文和毕业设计真题真做，联系实践和实际的论文选题比例达到80%。

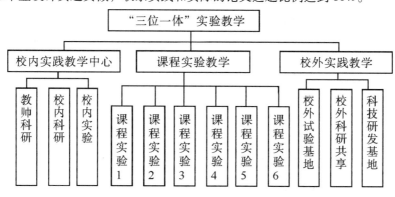

图 10-5 "三位一体"实验教学体系

因材施教，实施"创新班""订单班"分类培养，培养多元应用型人才。创新班学生着重参与创新实验项目培养创新能力，工程班学生着重参与企业实际项目研发训练；可以把课堂搬到工地，部分课程由老师和企业工程师共同开设。如信息工程学院与中兴公司、甲骨文公司等企业可以合作开办创新班和订单班。

以创新思维，培养学生的应用能力。成立创新创业学院，建设创新创业园区，搭建了全覆盖的双创教育平台、全方位的协同育人平台、全链条的实践支撑平台、全要素的综合服务平台，形成了多位一体、产教融合的创新创业工作体系。与许继集团、森源集团、黄河旋风等50多家地方重点企业合作，实施了创新创业"双团双百千人扶持计划"。"双团"是指"创新创业专家顾问团"和"创新创业导师团"，"双百"是指聘请百名创新创业专家顾问和百名创新创业导师，"千人"是指每年为千名学生提供创业指导服务。

根据办学定位，学校主动对接地方政府，把服务地方发展视为神圣使命，高度重视与地方结合及为社会服务。例如，许昌学院制定了《关于加强为地方经济社会文化发展服务的意见》，与地方政府签订了战略合作协议。许昌市成立了由市委副书记任组长、市相关部门主负责人为成员的支持许昌学院发展协调领导小组，统筹协调校地合作事宜。学校也专门成立了校地合作办公室，负责校地合作事项对接、校企协同创新、成果转移转化工作。教育部领导把这一探索称为"许昌模式"。在许昌市政府的支持下，紧紧围绕许昌市重点产业与有关企业联合成立了工业机器人、清洁化工、超硬材料、无人机低空遥感、智能电网技术与装备等9个协同创新中心，建立动力电机自动化制造装备、电能质量与智能仪表、新型钧瓷釉料、道桥工程技术等13个产学研基地。

第三节　产教融合与应用型人才培养

为深入推进"产教融合、工学结合、校企合作"，按照"互惠互利、多方共赢"的原则，明确各方责、权、利关系，共建集实践教学、企业生产和社会服务于一体的产教融合基地，培养应用型人才。

一、产教融合基地建设的条件

（一）基础条件建设
根据生产企业岗位能力需要以及产业发展方向，实施校企合作，合作单位具有独立法人资格，具有先进的企业文化、科学的管理体制、鲜明的现代企业特征，具有积极的合作理念、较高的合作诚信度和能够指导学生实训的中高级技术人员。学校和企业具备完善的治理制度，双方的资源、人员、技术、管理、文化实现深度融合。合作企业能够深度参与专业建设和人才培养，有由校企双方共同组成的日常管理运营团队，有适应高水平人才培养的教学管理制度和运行机制，形成共建共管的组织架构。按照产教融合平台建设的总体要求，与相关合作企业成立产教深度融合实训平台理事会，作为平台的管理机构。理事会由高校、行业或政府、企业共同组成，并创建和完善相关机制，保障实训平台的建设顺利进行。

（二）实习实训资源

实习实训基地的资源包括企业资质、培训场地、真实的培训环境和实习指导教师等。学校重点满足教师和学生、企业不同层次的学习需求，加强师资队伍建设，利用现代教育技术和网络信息技术建成相关专业实践教学资源库。根据院校课程设置的不同，企业应提供与实习实训相关的工位。为了满足大规模实习、就业实训、"N+1"以及共建专业/学院，企业还应为学生提供休息、居住等配套设施，如配套公寓、食堂、户外运动场地等。围绕实训教学资源开发，企业将最新的实验仪器设备、项目案例投入实训教学，为实习实训基地运行提供必需的人力资源、环境资源等基本保障。校企双方还应对接职业标准、行业标准和岗位规范，构建专业群实践教学体系，形成完善的教学和职业标准，开发相应的教材、课件、软件等资源，建立实践教学资源库，并及时更新资源库内的实训项目与内容。

（三）师资队伍建设

一是加强顶层设计，建立和完善实训基地建设和管理体系，借助校企合作平台，加快推进实训师资队伍建设。鼓励教师去企业体验真实生产、运营，提高教师的专业能力和实践教学能力。建立健全考核机制、激励机制，支持教师到企业实践锻炼，培养"双师型"教师和"技能型"大师，提高实训指导教师工作的积极性和创新能力。二是建立一支稳定、高效的兼职教师队伍，加强兼职教师岗前培训，实施兼职教师统一管理。三是通过教师科研能力提升计划、"双百工程"计划，推动学校和企业实施双向流动、双向互聘，开展校企导师联合授课、联合指导，形成具有较强凝聚力与协同互补的、有效指导生产和实习实训的高水平师资团队。

二、产教融合基地建设的原则与方式

产教融合基地建设要紧密联系区域龙头企业、政府部门、行业协会等，按照统筹规划、资源共享、合作共建的原则，通过拓宽投融资渠道，政、校、企共建共享，为学生创造真实的职业环境，提升实践教学效果。按照统筹规划、分步建设的原则，确保产教融合实训基地的经费投入，布点建设若干具有辐射引领作用的高水平专业化产教融合实训基地。

资源共享。学校、政府和企业都拥有不同的资源。资源共享是通过产教融合使原有的资源角色发生实质性的改变。把企业生产与理论教学结合起来，实现生产环境教室化；通过对企业技术人员的教学业务培训，实现生产技术人员教师化；聘请企业专家进行技术指导，实现实训过程的程序化；利用企业项目进行实践教学，通过多种资源统筹共享，实现实习实训教学生产化。

合作共建。基地建设应注重培养学生用理论知识解决实际问题的能力，体现应用性、创新性和综合性。根据合作意向和主导权可将产教融合基地分为学校主导型、政府主导型、企业主导型。学校主导型是采用"引企入校"的模式，由学校提供实训场所和主要设备，吸引企业技术人员，引进企业标准、先进技术，新建和改扩建实训基地。政府主导型、企业主导型是由政府或企业采取"产教融合、校企运作"方式，由政府或企业提供实训场地、政府或企业投入资金设备，采用企业管理模式，进行产品开发、生产与销售，学生参与生产过程，实现校企资源共享、政府与企业信息互通，产教融合、共同发展。

三、产教融合基地的基本功能、架构与效果

（一）基本功能

产教融合基地的基本功能包括应用型人才培养、科技研发、社会服务等。

应用型人才培养：通过产、学、研与实际工作相结合，旨在培养具有专业技能和职业素养的应用型人才。为此，应不断完善应用型、技术技能型人才培养方案，聚焦应用型专业课程建设并进行相关课程教材开发，落实工程实践在人才培养中的教学体系、考核体系和管理体系，推行"工作导向""任务驱动"式课程改革，推进校企合作和工学相结合，实现应用型人才培养模式的创新。

科技研发：紧密对接国家和区域发展需求，积极推进"新工科"建设，促进多学科、多专业融合，坚持高素质人才培养和高端人才培训"双轮驱动"，深化专业综合改革，优化学科专业结构，改造传统专业，打造特色优势专业。通过"科技引领"，推进学校与政府和企业的融合发展，大力开展科技协同创新，创新产教融合办学模式。以应用型本科教育和学科建设为服务对象，努力打造科研与教学融合的典范，为人才培养和科技创新服务。

社会服务：紧密跟踪技术发展的前沿，加强专业与园区的企业对接，把专业建在相关的产业园区。"政、校、企"三方通过学科专业规划、课程开发、师资队伍、实践教学等方面与行业企业建立密切合作，探索产、学、研、用相结合的科技创新体系，不断提高自主创新和服务社会的能力，为企业技术人员提供专业技能培训。

（二）组成架构

产教融合基地由专家委员会、校地合作管理办公室和总经理办公室等部门（下设生产制造部、技术开发部、销售服务部、产品研发部）组成（见图10-6）。

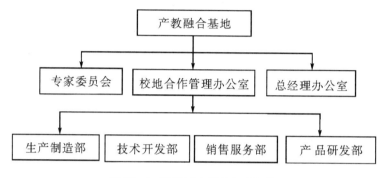

图10-6　产教融合基地组成架构

管理层：由实践教学基地管理人员构成。管理层负责生产组织管理、系统用户管理、角色权限管理和子系统维护等。

功能层：教师可以从事科学研究、应用技术开发，学生可以进行工程实践、创新实践和技术技能实训。

监控管理：负责采集任务监控管理、任务流程监控、任务催办管理、任务日志管理和查询管理等。

目标层：包括工程技术、生产制造和供应链三个维度的全部活动，最终实现生产与智能制造和应用型人才培养的目标。

服务平台：为工厂提供生产性服务转型支撑的云托管平台，采用国际先进的大数据、云计算、物联技术等来建立与国内外接轨的专业化生产性服务云平台，发挥学校现有教育资源优势，将工业4.0可落地的方案和培训体系引入云平台，并植入培养方案之中，为企业提供培训和输送人才。

（三）运行模式

秉承"产教融合""企业化""市场化"和"应用型"原则，积极探索具有自身"造血"功能和社会服务兼容的运行机制体制。实行党政集体领导下的总经理负责制，专家委员会在战略发展与规划方面予以指导。重大决策由党政联席会议制定，总经理全面负责产教融合基地的正常工作和运行，并不定期地向学校和专家委员会报告。每个部门设部长和部长助理岗位，分别落实部门的业务和教学工作。总经理办公室设主任和副主任岗位，负责对外和对内的相关业务与行政工作。每个部门可以"双岗位"聘任若干教师，承担一门以上与本专业相关的课程开发和任教工作，同时还需要参与接地基本建设和日常管理。

（四）实习实训效果

学生实习实训期间，可以按照"准员工"的标准，推行项目教学、情境教学、个性化教学等。开发模块化课程，承担相关课程的"理实一体化"教学，引进企业"新技术、新工艺、新标准"等，实现"做中学、训中学、研中学、创中学"。

构建产、学、研的运行模式。生产是实训基地产、学、研功能的必要条件，引进真实的生产设备和生产环境，向社会提供真实的产品或服务，创建真实的生产教学情境，能达到生产性实践教学的效果。同时，生产性实训基地为校企合作、产学研工作奠定了基础。

实施多元产教融合方式。一是建立现代学徒制人才培养基地，实现工学结合；二是通过整合政府、学校、企、行课程专家的资源，建立跨校企职业教育与培训中心，一方面保证专业与区域产业的有效融合，另一方面为专业课师资的专业实习实训创设条件；三是设立职业教育"学习工厂"，培养学生应用新知识和科技解决工程实践问题的能力。

依据区域产业发展需求以及岗位能力要求，实训基地集产学研一体化、线上线下一体化，将校企合作的主体从学校层级下移到系、专业、教师团队，从基层取得突破，为复合型的技术技能人才培养创造条件。在整体规划上设计成校企共建共享，集教学、培训、生产、技术服务和科研于一体的产教融合实训基地，以真实产品及工程实践问题为教学载体，提高教师实践教学能力和水平。通过实训基地建设，联合企业组建产、学、研团队，将新技术、新工艺、新规范引入并纳入课程内容，培养学生的工程实践技能和岗位工作能力；完成教育教学的同时开展相关技术服务，为产学研一体化提供坚强保障。进一步拓宽产、学、研层次与范围；组建产、学、研团队，完成教育教学的同时开展产品开发、先进技术培训，申报项目及科研课题等。通过搭建产教融合平台，实现做中学、研中学、产中学、赛中学，为应用型人才培养奠定基础。

参考文献：

[1] 韩福勇. 石油天然气工程类专业实训基地建设实践 [J]. 实验技术与

管理，2019，36（2）：181-185.

　　［2］李延玲. 市场经济背景下高等职业教育产教融合机制研究［J］. 当代教育实践与教学研究，2019（18）：175-176.

　　［3］孟广斐. 一体化课改理念下的技师学院校内实训基地建设［D］. 杭州：浙江工业大学，2016.

　　［4］薛虎，王汉江. 职业教育产教融合实训基地建设研究［J］. 教育与职业，2021，994（18）：35-38.

　　［5］吴国玺，李中轩. 新型高校"四维一体"实践教学体系的构建［J］. 大学教育，2017（8）：153-154.

　　［6］吴国玺，毕翼飞，李满园. 基于虚拟仿真技术的风景园林专业人才培养［J］. 许昌学院学报，2020，39（5）：46-50.

　　［7］吴国玺，张泊平，李中轩. 基于虚拟现实技术的地理课程设计［J］. 中国教育学刊，2018（S1）：90-91，155.

　　［8］吴国玺，钟伟平. 许昌学院：校地校企合作助推高水平应用型大学建设［J］. 河南教育（高教），2019（6）：24-27.

　　［9］曹著明，孙哲，张亚娟. 智能制造产教融合实训基地建设思考［J］. 职业技术，2021（2）：7-11.

第十一章 构建"书院制"育人体系

第一节 中国古代书院制度

书院制是我国古代独具特色的文化教育形式。书院制萌芽于唐末，盛于宋元，普及于明清时期，经过清末的改制和发展，为封建社会培养了大量优秀人才。书院制在古代是官学和私学相结合的产物，书院与官学和私学既互相排斥又互相渗透与融合。三者形成鼎立之势，共同促进了我国古代文化教育的发展和繁荣。

一、中国古代书院的起源

"书院"一词始于唐代。早期的书院是藏书、修书之所，不是聚徒讲学的教育组织。唐朝"安史之乱"以后，国家逐步走向衰落，文教事业也受到严重冲击，官学长期低迷不振，于是一些学者受佛教禅林的启发，纷纷到一些清静、优美的名胜之地读书治学。此后，归隐山林、论道修身、聚徒讲学之风逐渐兴起。

五代末期，真正具有聚徒讲学性质的书院开始形成，书院的发展促进了文化的交流。宋代早期暂时无力顾及振兴官学，因而对著名私学采取"赎买"政策，为官私联营的学校模式。宋初的六大著名书院即为代表。中期官学空前兴盛，且重在改革的实践理性成为主流，造成纯学术的研究日渐消沉，因而书院不彰，六大书院也破败停办或改为官学，出现了宋代中期的消沉。后期，由于朱熹等人对书院卓有成效的复办和理学的流行，南宋时期书院又日渐昌盛。宋代时期，社会生产得到了恢复和发展，人民生活相对稳定，北宋初年形成了较完备的书院制度。

二、中国古代书院的架构

（一）办学特色

根据相关文献研究，古代书院制是一种特殊的教学组织形式，办学的特色具有"非官非私""既官既私"的特征。一是官方认可和扶助，书院经费的来源和渠道一般是由民间捐献和政府拨赐。与一般的私学不同，书院建立了以学田为中心的教育经费体系，有固定的教育经费做保障，这是书院生存和发展的重要前提。二是从历代书院来看，书院既有固定的校舍和教学设施，又有专门的藏书场所，不仅校舍宏伟，而且藏书极为丰富。宋代的书院皆为藏书之所，而藏书的目的是为了读书。三是讲求自由讲学，崇尚学术研讨。宋代的书院承袭了私学讲学的自由，以传播学术思想为办学目标，如宋代理学的流行与书院自由讲学，都与研讨学术密不可分。四是书院是三教鼎立、相互争斗和兼容的产物，在学理上坚守儒理，与佛、道争胜。

（二）教学方式

书院制的教学形式主要有讲演辩论、"自修问难"和研究探讨等形式。一是讲演辩论。中国书院十分重视学术讲演，其形式有"升堂讲说""学术会讲"等。书院大师除了阐发自己的学术见解外，还重视不同学术观点的论辩交流。如顾宪成、高攀龙等采取"会约""会规"的形式，建立了书院会讲制度，"每年一大会""每月一小会"，磋磨道义，交流学术。一方面，通过学术研究深化学理探讨，促进教学；另一方面，通过讲演辩论式教学培养人才，扩大学派的影响。二是"自修问难"教学。由于书院藏书丰富，为学生自由读书和独立钻研提供了方便。除集体讲演外，书院老师的职责就是指导学生自修读书，强调读书须有疑，有疑而又深思、深思不解请教大师，注重学生自修研究和质疑问难。三是研究探讨。书院以学术探究和理智训练为根本。无论是大师讲演还是学生自修，都体现了注重学术探讨的研究精神。

（三）组织管理

书院建立了类似于官学的人员编制和岗位，具有一套完整的书院制管理体系。书院只有一位主持人，其名称有"洞主""山长""堂长""院长"等。主持人往往是学派宗师，兼有管理与讲学释难的职责。

第一，有些规模较大的书院，虽增设了副讲、管干等职，分别负责学生的授课、考核、生活和书院的经费、祭祀、安全等，但因专职人员极为有限，故书院中的堂长、管干、学长、斋长等一般由学生担任。

第二，古代书院还有一套比较完备的管理制度。通过不断总结把得之于管理实践的一系列经验上升到一定的理论高度，制定了一系列颇具特色的教条、学规、学训等。这是书院走上制度化的重要标志。

第三，实施民主化管理。书院师生可来去自由，较少有专制性的处罚。书院主持人的产生，多是由公众推荐，而不是由官员委派。有些书院曾明文规定主持者"不称职则更易"，还有"按季更易"的条例，不搞终身制。

第四，学规式管理约束。由于书院管理人员少，而师生又朝夕相处，所以一般都有一套共同遵守的学规，通过学规进行自我约束、自我教育、自我管理。学规大体包括以下三个方面：一是为学的方向，二是为学、修养和待人处事的准则、方法，三是违反规定的惩治。

第二节 "书院制"育人体系的构建

一、现代书院制度的兴起

书院在其长期的发展过程中，积累了许多宝贵的经验，是中国古代教育史上的一份珍贵遗产。但是，新中国成立后，专业教育备受重视，书院这一模式基本就不再设立。这样，通识教育让位于专业教育，而通识教育变成为广泛的从小学到大学的思政教育。

20世纪80年代末90年代初，随着我国高等教育结构的优化调整，教育规模不断扩大，效仿苏联高等教育建立了学院制教育模式，因此，我国现阶段大多数高校学制的人才培养都是学院制。当前，国内多所高校进行了书院制改革，融合了中国传统的书院制文化传统，借鉴欧美住宿学院制的成功经验。

在这样的教育模式下，国家与全社会对青年人的思想道德引领让学生有意识地成为社会主义接班人，起到了西方国家通识教育不能达到的效果。随着新型大学的发展，低年级学生往往不选专业，书院就成为重要的育人和管理单位；高年级学生步入院系学习专业知识。在新形势下，重提书院，实施"书院教育+通识教育+思政教育"三位一体，更能体现中国大学在育人方面的系统性和全面性。但是，在执行过程中，还会出现书院与院系的衔接问题。院系也不只是育才，还会育人。如何让书院与院系协调有序地进行人才培养，对整个育人体系至关重要。

在高等教育改革的背景下，书院是目前中国大学教育模式中新增加的环节，有的学校把书院和专门的学院对接；有的学校则把学院和书院合二为一；有的学校职责分明，书院只管低年级学生，然后整体上交给院系进行高年级学生的知识与育人培养。无论采取什么样的模式，贯通教育、衔接教育，都成为中国大学越来越重视的一个视角。新时代要进一步明确书院突出通识教育的定位；统筹全校力量，增强学生对书院的归属感和认同感；明确院长职责，让院长有更多的精力管理书院；完善导师选聘、考核、激励制度，尝试将导师部分薪酬调整放在书院，强化正向激励。

近年来，围绕立德树人，通过落实本科生导师制、加强通识教育，实施书院制教育成为中国高校教育改革的一种积极探索和有效尝试。2017年9月，中共中央办公厅、国务院办公厅印发的《关于深化教育体制机制改革的意见》提出，探索建立书院制、住宿学院制等有利于师生开展交流研究的学习生活平台。在改革过程中，开展学术及文化活动，促进学生文理渗透、专业互补，取得了非常好的成绩。书院是实现立德树人和深化本科教育改革的重要育人空间，书院生活是实现一流本科教育的重要环节、是培养应用型人才的关键平台。

由此可见，书院制是通识教育和专业教育的结合。它承继了中国古代书院制度，借鉴了英美大学的住宿学院制度，融合了古代人文教育和现代西方教育理念，逐渐发展为一种新型的人才培养机制。

二、"书院制"育人体系

为进一步推动书院制建设工作，不断提升人才培养质量，建设富有特色的书院文化，构建权责明确、运转协调、精干高效的管理体制，积极探索育人方式方法改革，构建住宿书院和专业学院"双轨并行、两院协同"的育人体系，更好地实现"三全育人"。立足于学校的实际，构建符合校情的有益于创新人才培养的书院制育人模式，并努力探索适合校内推广的书院制教育管理经验。

（一）"书院制"建设的目标

以"德才兼备、全面发展"为目标，培养适应区域经济社会发展需要的实基础、强能力、有个性和具有社会责任感、国际视野及创新精神的高素质应用型人才。通过书院制育人模式的建构，围绕学生全面发展打造书院文化，形成风格不同的书院群，围绕学生学习需求、生活需求、文化需求、发展需求，营造独具特色的学习和文化氛围，从而构建住宿式书院和专业学院"双轨并行、两院协同"的育人体系，使"以学生为中心"的管理理念落地生根。

确定素质教育和课外培养为书院的重要教育理念和形式，以培养学生的社会责任感、创新精神和实践能力为重点，以培养德智体美劳全面发展的社会主义建设者和接班人为己任，以人文教育和思想引领等课外教育形式为主要育人路径。

结合学校实际情况和学生工作特色，确定以课外培养的示范区、文化育人的试验区、合作学习的拓展区、师生共享的新社区为书院定位，试点书院将围绕这一定位进行建设。

（二）"书院制"建设的原则

第一，坚持育人导向。始终把立德树人作为根本任务，把思想政治工作融入学生管理的日常，将价值引领贯穿知识、素质、能力培育的全过程，充分发挥书院的育人功能。要强化"以学生为中心"的育人理念，紧紧围绕学生的学习需求、交往需求、生活需求、文化需求、发展需求等，拓展教育内容，创新教育形式，全面促进学生学术性发展和社会性发展的有机统一。

第二，坚持需求导向。对标新时代国家和区域经济社会发展对人才培养新要求，坚持人才培养定位，深化高等学校综合改革，构建住宿式书院和专业学院"双轨并行、两院协同"的现代大学制度，探索人才培养新模式，提高人才培养质量，培养社会急需的创新型、复合型和应用型高素质人才。

第三，坚持问题导向。深入分析新时代人才培养面临的新形势、新问题，树立强烈的问题意识，创新教育理念，破除体制机制障碍，以促进学生全面发展为导向，通过试点改革，着力破解学校人才培养面临的重点难点问题，推进专业教育和素质教育的有机结合，将以学生为本的理念落到实处。

第四，坚持改革导向。把推进书院制改革与建设富有特色的高水平应用型大学相衔接，系统联动学校办学模式、管理制度、育人方式、人事薪酬等配套改革，提升改革整体实效，实现书院制的内涵式发展。

（三）"书院制"建设的任务

第一，构建学院和书院双轨模式。围绕人才培养目标，推进书院制育人模式改革，形成学院与书院分工协作、协同育人的新机制。书院学生在校期间由书院、学院协同实施书院制教育管理。学生在校学习生活期间，由书院负责学生日常教育管理、学院负责学生教学管理。学院侧重第一课堂教学及管理，书院侧重第二课堂教育及管理。书院和学院共同围绕人才培养目标，各有侧重，密切配合。

第二，建设书院制育人社区。依托学生公寓社区，科学规划具备书院办公、师生导学、学业指导、读书沙龙、社团活动、创意研讨、小型报告、心理辅导等功能的书院社区空间，把学生工作重心从教学区转移至生活区，建立各种公共功能活动室，配备导师全程跟踪指导，建立师生互动、朋辈互勉、学科交融、合作学习、环境温馨的良性循环机制，提供自我教育平台，营造全员、全程、全方位的育人环境，为学生教育、学业指导和素质拓展提供物理空间支撑。依托网络空间建设书院制线上社区，将其作为各类导师特别是朋辈导师开展导学活动的重要阵地，促进高低年级学生的交流、促进书院文化传承。运用新媒体平台，拓展书院文化的空间。要不断完善社区的育人功能，深入挖掘社区的育人要素。

第三，创设活动载体和运作平台。要搭建适应书院运作模式的信息传送平台、人际互动平台和文化素质教育平台，开展富有特色的课外培养活动。在"书院主导、教师指导、学生主动"的工作格局下，开展专题读书沙龙、创新创业项目、人文与科技系列讲座、素质拓展计划和心理健康教育、职业生涯规划辅导等活动，以多样化的形式促进大学生全面发展。充分发挥书院党团组织和学生管理组织的作用，鼓励学生在专业领域之外拓展兴趣爱好，有效实现学校培养与社会实践的有机衔接。

第四，加强书院导师队伍建设。导师制是书院育人的重要特色。推进书院制育人体系改革，学校应结合自身情况和书院育人需求，整合校内资源，优化资源配置，建立包括育人导师、学业导师、朋辈导师、校外导师等在内的导师团队。导师进驻书院辅导学生学习生活，在思想成长、人生规划、学业发展、学术培养等方面进行多层面多角度教育引导，全面促进学生成长成才。

第五，健全学生事务管理模式。落实"以学生为中心"育人理念，发挥书院育人平台作用，开展学生社区综合管理模式建设试点工作，配齐配强导师队伍，为学生提供更加便捷高效的事务服务。

第六，加强教育体系建设。实行不同年级、专业的学生混住，文理渗透、专业互补，促进学生交流，培养学生的学科思维、学科融合意识。通过社区化的学生组织建设、自主化的学生活动安排、系统化的课外培养设计，实施隐性教育和融合教育，通过内隐的、间接的学习和社会活动，通过潜移默化、润物无声的方式，影响和教育学生，通过合作学习、小组学习等，达到自我教育的目的。

三、"书院制"的组织管理

（一）组织管理架构

成立书院制改革领导小组，由校党委书记和校长任组长、分管校领导、各有关职能部门负责人参加的书院制改革领导小组，负责推动书院制改革的顶层设计和改革任务的高效实施。书院负责除专业教育以外所有学生事务的组织实施。成立书院党委、领导班子和相关机构，设置党委书记、党委副书记、院长、副院长岗位，设立党政办公室、学生工作办公室、课外培养办公室、导师工作办公室、团委等机构，按照试点书院的基本需要配备相关人员。

学校为书院配备高素质的工作队伍。专职辅导员与学生的比例按照1∶200配备；导师与学生的比例按照1∶50配备。书院负责编制书院师资队伍建设规划，制订年度师资聘用、培训计划，并报学校主管部门审定后组织实施。书院实行目标管理制度，接受学校年度学生工作考核，根据学校有关制度履行考核及相应的奖惩职能。

学校对书院进行环境设计与布置。通过凝练书院的文化元素，包括征集书院院徽、院训标识，悬挂名人画像、励志名言、书院寄语，构建整洁卫生的宿舍、美化社区环境等，打造文化品牌，营造文化氛围。

（二）书院管理模式

实施"一站式"学生社区综合管理模式。学校从宏观角度对书院制建设提出指导性意见，并对学校相关决策提出建议。教务部门负责学院制与书院制协同育人的教育教学改革和研究，做好书院第二课堂教育与学院第一课堂教育的协调工作，包括制订书院制所涵盖的有关学分认定、教学延伸、课外专业学习等配属方案，做好导师工作量的计算与审核。学生工作部门负责牵头制定书院制相关制度，指导书院开展学生教育管理，负责书院相关工作的协调、监督、考评工作，推动书院课外培养项目和平台的开发和建设。组织部门负责书院制的机构和岗位设置。人事部门负责做好书院的人员配备，落实书院导师的准入、培训、激励机制及工作量认定办法；出台鼓励专业教师参与书院的相关配套政策。保卫部门负责书院社区内师生的安全管理及应急保障的统筹协调工作。校团委负责指导书院的团委、学生会工作，指导书院开展第二课堂活动，指导和管理书院学生社团组织。科研部门负责对书院师生相关科研成果的鉴定，制定相关激励政策。财务部门负责为书院运行提供经费保障。相关学院负责安排任课教师担任书院导师，做好书院导师的教育、管理和激励工作，落实对书院导师的相关要求和政策，推动导师在书院有效实施指导工作。

（三）建设实施保障

根据书院的发展需要，编制书院的经费预算方案。书院的年度经费预算项目及额度，由书院制改革领导小组牵头相关等部门共同制定，经学校批准后执行。书院严格执行学校财务管理制度，管理并统筹书院资产的有效合理使用。书院接受校友、社会人士的捐款，并按捐助人要求和学校有关财务制度进行专项管理。书院院长负责对本书院各项日常经费开支进行审批和监控。

书院建设依托独立的物理空间。在学生宿舍区划拨专门区域用于书院建设，除用于集中办公、住宿外，还应配套一定的体育、文化、生活空间和设施。后勤管理部门负责为书院配置办公及活动场所，做好公寓修缮工作，负责书院办公和学生活动空间的装修及设备配置工作；选拔、配备、培训管理书院的后勤服务人员，选拔优秀宿管员担任生活导师。

参考文献：

［1］陈元晖，尹德新，王炳照.中国古代的书院制度［M］.上海：上海教育出版社，1981：12.

［2］安萍.古代书院及书院文化［J］.兰台世界，2008（23）：68-69.

［3］张鸽，袁磊，都长江."双院制"协同育人模式下沟通机制研究［J］.教育现代化，2018（29）：113-114，360.

第十二章 "双创融合"培养应用型人才

第一节 "双创融合"机制建设

一、"双创融合"的概念

创新和创业既有区别，又相互联系。创业在本质上是人们的创新实践活动。创业是创新的特殊形态，是创新的载体和外在表现形式，是创新的目的与归宿。此外，创业过程也推动着创新，创业的成败在很大程度上取决于创新的程度。

"双创融合"是指创新、创业教育的一体化发展，是应用型高校通过创新、创业教育培养应用型人才。"双创融合"是创新、创业教育的有机统一体，创新教育是基础，着重对学生创新意识和思维的培养，创业教育以创新思维为指导，着重学生能力的训练，两者都是共同作用于应用型人才培养，即"双创融合"。创新是人才培养的起点和支点，创业则是人才培养的目标。

二、"双创融合"的基本思路

(一)"双创"教育纳入人才培养

"双创"教育是人才培养的重要环节，必须把"双创"教育纳入专业理论教学、实践教学和素质拓展中。在通识教育中熏陶"双创"意识，在专业教育中强化创新思维和创新能力训练培养，在创新创业实践教育中优先考虑与专业的相关性，通过创业模拟和实践，将实践成果纳入人才培养体系，有效反哺创新教育。

(二)课程渗透"双创"内容

构建融入"双创"内容的课程体系，把"双创"教育分解为具体的能力与技能指标点，编制课程模块。在课程设置上，开设"双创"教育基础课，进行创新创业基础知识和技能专题讲授；在专业选修和辅修上，开设"双创"

技能模拟和实践的公共选修课程或辅修课程；在课程内容上，打破学科专业壁垒，将"双创"教育内容融入课程实践中，由认识到实践循序渐进，由通识到专业协同和由课内到课外的学时融通，形成创新创业教育人才培养的课程体系。通过一体化地整合创新创业课程，将"双创"教育与人才培养有机结合，实现理论教学、实践教学与"双创"教育的互补，与专业教育的深度融合。

（三）多元融入创新创业过程

实施政校企一体，构建以提高大学生"双创"能力为目的的保障支持体系。在学校方面，一是要加强校地合作平台建设，培养"双师型"师资队伍；二是要加强"双创"教育中工作量核算、学分认定与置换等制度建设。在政府方面，要给予创新创业政策及资金支持，积极协调对接行业、企业，为"双创"教育争取优质平台、师资及项目的支持。在企业方面，面向地方主导产业，搭建产教融合的创新创业教育训练平台，建立创新创业教育与孵化基地，为大学生创业寻找合作伙伴。通过教研融通，汇聚多部门创新创业教育的合力，为"双创"提供制度保障。

三、"双创融合"机制

"双创融合"是以提高大学生创新能力和创业素质为核心，以培养学生通用能力、创新和创业能力为关键，以制度引领、平台支撑、项目推动为抓手，以政、产、学、研协同育人为保障，培养大学生的创新能力、创新意识、创新思维，为大学生创业奠定良好基础（见图12-1）。按照整体论、系统论原理，构建综合素质培养的新型教育思想、观念、模式，通过营造良好的"双创"环境，建立健全组织机制、保障机制、激励机制，构建高等教育新常态下应用型高校创新创业教育的"双创融合"体系。

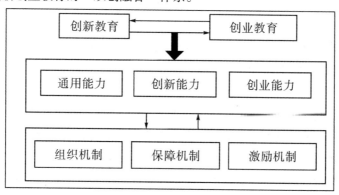

图12-1　"双创融合"机制框架

（一）"双创融合"的组织

在校地合作的背景下，由高校、政府和企业联合成立"双创"教育工作领导小组，由政府部门和高校主要领导负责，共同建设创新创业学院或现代产业学院，协同教务处、学生处、团委等职能部门和各类二级学院，构建创新创业教育联动的工作机制，增强责任意识，并将创新创业的工作完成情况作为各部门的考核指标。

紧密生产、科研与教学，成立"教、学、做"一体办公室，明确功能划分，按照产、学、研一体化的工作要求，实施工学结合一体化。一是由教学副院长按照教学计划安排，进行咨询实施项目教学，在教学过程中做到"教、学、做"合一；二是由教务处指导专业教研室联系企业，领受任务，实现任务驱动，并进行系统功能设计；三是由学院实验教学中心指导专业教研室分配任务，准备器件工具；四是由专业教研室指导本专业学生分若干步骤实施工学结合，"教、学、做"完成生产实践任务。在管理上，一是要精心备课，二是要与辅助教师沟通，三是要检查设备设施是否正常，四是要深入了解学生。在引入项目上，实施教、学、做合一，实现以教师为中心向以学生为中心转变，确保学生严格遵守操作规程、确保人身和财产设备安全。

（二）"双创融合"的保障

"双创融合"的保障主要包括组织保障、经费保障、制度保障和场所建设保障。一是要做好创新创业实践活的组织保障工作，成立领导小组和相关组织部门负责创新创业相关事宜；二是要取得"双创融合"所需资金、场地、设备等要素资源的支持，做好技术指导、市场对接、政策咨询等服务工作；三是要做好"双创"教师队伍建设的师资保障。对于校内专业和专职教师，要加强创新创业的理论与实践培训，鼓励其深入企业一线进行专业实践；对于校外创新创业技术能手，要采取措施聘请他进入校园，组建成"专兼结合、校企共建"的创新创业教师团队。

（三）"双创融合"的激励

激励机制就是高校要建立健全创新创业教师的奖励政策，给予教师和学生政策方面的倾斜。例如，对于教师从事"双创"活动要给予合理的工作绩效，对结合专业所取得的创新成果要给予奖励、职称评审加分等方面的激励。针对学生参加各类创业活动，双创比赛获奖或取得专利等，学校应明确学分的认定制度，若是结合自身专业进行的创新创业，可适度增加认定的学分，使"双创融合"能自发性推进。

第二节　构建"双创融合"教育体系
——以许昌学院为例

一、构建"双创融合"课程体系

（一）实现课程的三个融合

按照"双创融合"协同育人建设要求，构建三个融合的课程体系：一是将校地合作课程融入公共通识类选修课程，构建"双创融合"与通识教育课程模块；二是把创新教育理念与专业教育相融合，构建"双创融合"与创新课程对接的专业课程模块；三是实施"双创"教育与实践教学相结合，构建"双创"课程与产业、行业（企业）岗位对接的课程模块。通过校地合作创新创业专家顾问团，校内外专兼职创新创业导师百人名师，达到资源共享、专业共建、人才共育、成果共用、多方共赢。

（二）创新创业课程关联矩阵

在政府、行业（企业）指导下，积极吸纳政府、企业（行业）专家担任教学指导委员会、专业建设委员会委员，共同参与专业建设和人才培养方案的制订。聘请企业（行业）专家担任兼职教师，与企业合作开发面向行业企业要求的课程体系，承担课堂教学和实践教学的指导任务。

根据课程目标要求，将课程目标分为理论、实践和技能等不同的教学知识点，按照学习成果对各项毕业要求的支撑强度，分为高（H）、中（M）、低（L）三个等级。课程内容与成果覆盖毕业要求的指标点覆盖率80%以上为高（H），覆盖率30%~80%为中（M），覆盖率30%以下为低（L），构建教学环节与学习成果关联矩阵（见图12-2）。

教学环节	学习成果1	学习成果2	......	学习成果12
课程-1	H	L	M	......
课程-2	......	H	......	......
实习-1	......	M	......	H
......	......	......	......	......

注：表中教学环节包括课程、实践环节、训练等；根据课程对各项毕业要求的支撑强度分别用"H（高）、M（中）、L（弱）"表示，支撑强度的含义是：该课程覆盖毕业要求指标点的多寡，H 至少覆盖 80%，M 至少覆盖 50%，L 至少覆盖 30%。注意：矩阵应覆盖所有必修环节。

图 12-2　教学环节与学习成果关联矩阵

（三）实施课堂教学改革计划

学校实施课堂教学范式改革计划，着力推进 OBE 理念在课程教学层面的落实。深度审视"课程内容—课程目标—专业人才毕业要求"的逻辑支撑结构，强调从教师教得好到学生学得好的转变。通过开展翻转课堂、项目教学、案例教学等，广泛推广探究式、讨论式、参与式等教学方式，激发教学活力。

按照应用型人才培养方案，改革课程设置和教学内容，依托工程技术中心，构建"创教合一"的新课堂。按照与当前先进工业技术相衔接的原则，采用工程化、集成化和专业化的教学，搭建工程技术训练、科学研究、技术服务、学生创新和生产实习"五位一体"的综合型教学研发实训平台，实现"创教合一"。"创教合一"的新课堂融入了更多自主设计理念、课程设计理念，组建了以培养创新人才为主要任务的学生社团，让更多师生参与校企合作，所有一切都服务于"培养具有创新能力的应用型人才"这个终极目标。

大力实施应用型课程建设计划。实施网络课程、双语课程及特色课程建设，对专业基础课程、专业核心课程及专业实践课程加强"翻转课堂"教学模式改革立项建设。积极鼓励校企合作开发课程和教材，积极鼓励教师开展多样化实践探索，突出对学生职业能力和岗位技能的培养，课程教学与实际工程问题紧密结合。

二、构建"金字塔"形实训体系

（一）搭建地方院校工程训练平台

近年来，本着"针对、实用、可行"的原则，采用工程化、集成化和专业化的模式，搭建了集工程技术训练、科学研究、技术服务、学生创新和生产实习于一体的综合性教学研发实训平台。学校通过搭建"全方位"创新创业实践平台，已经形成"一院两中心三园区四十二基地"为主体的创新创业实践平台。

1. 实施多模块系统化实训

为满足不同专业学生的需求，有针对性和实效性地开展工程实训，积极探索并有效实施了"122+X"的工程训练计划。其中，"1"是所有文科类学生参加 1 周集中实训，获 1 个学分；两个"2"分别指理科和工科学生实训 2 周，获 2 个学分；"X"除面向全校开设的公共实践类选修课外，还针对机械类、电气工程类、电子信息工程类专业性强的专业，开设专业实训课。面向人文社科类学生，主要开展生产安全教育、基本用电常识与电力电子装置认知教育、先进制造装备见习、金属工艺实习等实训内容。

2. 深挖创新实践教学内容

创新创业中心实验室配备有漏电保护器、空气开关、插座、照明灯具、双控开关等配电设备以及无线路由器、智能门锁、智能家居网关等工作平台，以教师为主导、学生为主体，由指导教师选定内容，学生按"标准"操作。通过实训，学生可以掌握家庭用电的布线方案及配电、用电设备的安装方法，具备基本的生活用电技能。通过工程训练课"X"，学有余力的学生可以接触带有挑战性、进阶性特点的高级工程训练内容。如面向全校学生开设"数字化设计制造技术""工程项目管理"等选修课，面向部分专业开设"创新与发明""机电创新设计实践"等集中实践必修课程，培养学生分析解决复杂工程问题的能力。

3. 释放第二课堂育人潜力

创新创业中心成立了 ME 创客空间社团和未来工程师协会，将工程实训拓展延伸到了第二课堂。社团以小班形式开设项目式课程，针对大一学生开设智能小车、光立方设计、Solid Works 建模及仿真等基础性课程，针对大二及以上层次学生开设虚拟仪器、智能制造、PLC 及嵌入式开发等高级项目开发进阶性课程，这些做法都有效激发了学生的创新意识和学习热情。学校与相关企业共建校企合作育人基地，给学生提供"实题实做"的舞台。在项目实践中，学生的分析与解决问题、主动学习、创新、团队协作等能力得到了综合提升。

（二）构建创新创业"三级教育体系"

突出学生创新创业能力和实践能力的培养。把创新创业课程纳入人才培养体系，把创业教育渗透到教育教学全过程。应用型人才培养要求学生必须获得不低于 4 个创新创业学分；经过不断探索、实践、改革、完善，制定了《创新创业教育课程体系建设方案》，围绕学生创新创业意识和能力的培养，建设了"2+X+Y"的创新创业教育课程群。即在人才培养方案中明确要求本科四年在读期间，必须完成"2 门必修主课+多门选修课+活动与实践课程"，构建针对所有学生（100%）开展通识教育、有意愿创业学生（50%）开展专项培训、有创业项目学生（50%）开展定向指导的"金字塔"形三级教育体系（见图 12-3），分阶段分层次全覆盖开展创新创业指导；实现了集"课堂教学+培训研讨+竞赛提升+项目路演+实战演练"于一体的依次递进、有机衔接、结构合理的教学体系。

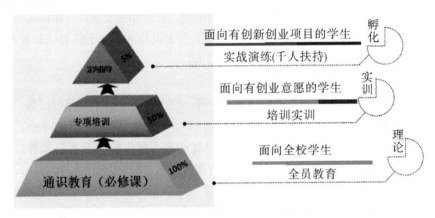

图 12-3　三级双创"金字塔"形教育体系

（三）搭建产教融合创新平台

通过现代产业学院建设，构建高校、企业、产业、行业协会四元协同治理结构，聚焦培养解决复杂工程问题能力和建立多方育人机制，持续优化新工科人才培养过程，提高了新工科人才实践创新能力。

学校不断深化校政企合作，实现校地良性互动，构建"政府主导、学校主体、企业参与"的长效合作机制，积极探索"三方协同"的合作育人机制。增设以行业应用技术为背景的模块化专业课程，把行业企业的最新成果融入教学内容，构建较为系统的应用型课程体系。

面向地方优势产业，充分利用许昌市电子信息主导产业的优势，整合华为公司、中原鲲鹏生态创新中心等一大批新兴技术企业资源，对接产业链和创新链，积极探索新工科建设，以提高实践能力为引领，成立了面向信息产业的鲲鹏产业学院（见图12-4）。

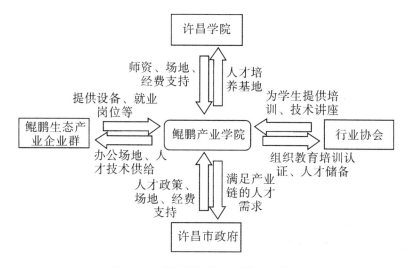

图12-4　多元联合构建现代产业学院

三、构建"双创融合"育人体系

建立以应用型人才培养为目标，融合基础知识、开发应用、素质拓展、实践技能为一体的课程体系，强调对学生的专业核心素养和实践创新能力的培养。

（一）构建创新创业工作体系

以OBE理念作为根本遵循，将"学生中心、成果导向、产教融合、持续改进"的理念融入教育教学过程中，积极推进产教融合，构建对接产业需求和生产过程的应用型人才培养体系。创新工作方法，学校成立了创新创业学院，建设了11 000平方米的创新创业园区，搭建了"全覆盖"的双创教育平台、"全方位"的协同育人平台、"全链条"的实践支撑平台、"全要素"的综合服务平台，形成了多位一体、产教融合的创新创业工作体系。

（二）实施创新人才培养模式

一是以实践能力培养为主线，实现课程体系与生产过程对接。提高实践教学的比例，理工科专业实践课程比例达到33.9%，文科专业达到25%，实验课开出率达到98.1%。积极推进通识教育改革，制订了《通识教育改革方案》，界定了应用型人才的通识素养。二是构建实习实训就业"三位一体"实践教学体系。

与企业合作建立了 310 个校外实践教育基地、工程训练平台、产品研发平台，强化了综合训练、仿真训练、工程实训。开展了实践能力提升系列活动，举办了教师实践教学大奖赛、大学生技能大赛，师生都在比赛中得到了锻炼。强化毕业论文和毕业设计真题真做，联系实践和实际的论文选题比例达到 79.12%。三是分类培养，造就多元应用型人才。化学化工学院因材施教，实施分类培养，创新班学生着重参与创新实验项目培养创新能力，工程班学生着重参与企业实际项目研发训练；土木工程学院把课堂搬到了工地，部分课程由老师和企业工程师共同开设；信息工程学院与中兴、甲骨文等合作开办创新班和订单班。

（三）"创教合一"的育人模式

加强"双创"实践教学体系建设，构建"实习、实训、竞赛、创业"四位一体的"创教合一"实践体系。围绕"双创融合"培养应用型人才，在专业教育中寻找创新创业教育的切入点和契合点，搭建"专项技能+综合训练+仿真实操"三层次实训技能系列平台。围绕创新创业学校积极组织政府和企业，通过优化课程体系，结合实现单位，开展"认知+跟岗+顶岗"三递进的实习训练。让学生走出去，对接行业协会、学会、研究会，积极参加各种主体承办的技能竞赛。以专业教育为依托，结合人才培养目标，构建适应创新创业人才培养的"四位一体"双创实践教学体系（见图 12-5），培养具有创新创业能力的高素质应用型人才。

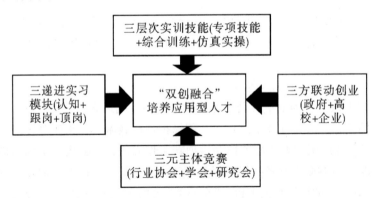

图 12-5　"四位一体"双创实践教学体系

融通专业的项目化教学。项目化教学是指设置在某一门课程中，也可以设置为专业学习后的综合实习、毕业实习等。项目化是以一个真实项目为依托，让学生在真实项目实践中完成项目策划、组织实施等工作任务。项目化教学为学生提供了实现创新想法的机会，激发了学生的学习热情，因此，在项目任务实践过程中，实现创新能力和专业能力的双提升。

参考文献：

[1] 雷虹. 理工科大学生创新创业教育刍议 [J]. 经营管理者, 2010 (6): 273.

[2] 费志勇, 冀宏. 高校"双创融合"创新创业教育思考 [J]. 中国成人教育, 2016 (16): 66-69.

[3] 曹英慧. 高职院校创新创业教育与专业教育融合研究 [J]. 教育与职业, 2018 (19): 65-69.

[4] 刘超, 冯春林. 共生视域下专业教育与双创教育的融合发展论略 [J]. 大理大学学报, 2021 (1): 106-110.

[5] 吴国玺, 王宏伟, 姚琳. 地方高校"UGE"三位一体协同育人模式构建 [J]. 决策探索 (下), 2019 (3): 51-52.

[6] 吴国玺, 姚琳, 张泊平. 生态型高校建设与绿色教育人才培养的路径 [J]. 大学教育, 2019 (7): 33-36.

[7] 张静. 高职会展专业双创融合人才培养模式构建 [J]. 职业教育研究, 2021 (1): 61-65.

第十三章　应用型人才培养的质量体系

第一节　应用型人才培养的质量评价体系

人才培养质量是高等教育的生命，是判断一所学校办学水平的重要指标。人才培养质量的标准应从学生获得知识体系、技能体系和能力体系等方面来判别。高校必须以德为先，坚持"五育"并举，把思想政治工作融入人才培养全过程，加强思想政治体系建设。将人才培养融入科学研究、社会实践，以课程和教材为重点，构建适应学生成长的教学体系、成绩评价体系。

一、应用型人才质量的内容

应用型人才培养的要求是以社会需求为导向，应用型本科教育是应用技术人才的培养主体。因此，从社会对人才的需求出发，应用型人才质量包括知识结构、实践能力、创新技能和道德素养等方面。以应用型技术人才要素为依据、职业技能培养为导向，构建应用型人才培养质量评价指标（见表13-1）。

表13-1　应用型人才培养质量评价指标

一级指标	二级指标	主要观测点及内涵
知识结构	基础学科知识	数学、物理、化学等基础学科。计算机基础知识及外语基础。具有一定的系统论、方法论知识，熟悉与本专业相关学科知识和结构
	专业技术知识	能够掌握本专业基本原理、基础知识，了解本专业发展现状和趋势，熟悉工程技术知识，新材料、新设备等先进制造系统，并能将专业基本概念和基本理论有效运用于实践
	人文社会科学素养	正确认识人类社会历史发展规律。具有良好的政治性、经济学、历史、哲学等方面的知识，能够从多角度看问题，能客观地判断问题

表13-1(续)

一级指标	二级指标	主要观测点及内涵
实践能力	专业应用能力	能将专业理论应用于实践,具有发现问题的能力,并能进行探索和实验解决问题
	设计能力	具有设计并进行实验分析的技能,熟练掌握专业领域的新工艺新设备,并能进行熟练操作
	综合能力	能够在工程中综合考虑问题解决问题、能够在岗位进行实践,有实践经验
	团队协作能力	尊重理解他人,能从团队利益出发,与他人合作的意识、成果共享意识、责任分担意识。能够迅速适应新环境,能够进行分工合作,具有组织协调能力
	组织管理能力	能充分调动他人的积极性,说服能力强,有管理才能,能够对工程和合作团队实施管理
创新技能	创新意识	有主动学习的意识、善于运用学习策略不断进行知识更新。有对工程知识,技术等有继承和创新的思维意识、有创造兴趣,善于观察,有强烈的好奇心,喜欢用多种方法解决工程问题
	创新思维	具备分析与综合、逻辑与抽象的思维,有丰富的联想能力,面对问题时能够运用逻辑思维做出结论
	创新行为	对知识和技术不断创新,能够独立地发现问题,了解工程技术前沿动态及市场需求,有创新成果,能用新观念解释问题、用新途径解决问题
道德修养	个人修养	谦虚诚恳、正直豁达,无不良嗜好
	职业道德	遵守纪律、爱岗敬业、责任感强烈,能负责任地完成自己的任务
	基本道德	团结友善、文明礼貌,遵守公共秩序
	社会公德	对违反社会公德的行为能及时以合适方式劝阻。能够助人为乐,积极参加社会公益活动,并有良好的环保意识

（一）应用型人才的知识结构

应用型人才的培养要求是以社会需求为导向的,因此,从社会对人才的需求出发,知识结构包括基础学科知识、专业技术知识、人文社会科学。其中,基础学科知识包括从事生产活动所需的相关数学、物理、应用科学等自然科学知识。工具性知识包括计算机操作知识、计算机软件。此外,国际化趋势要求工程技术人才还必须掌握一门外语。

专业技术知识包括工程基础理论知识、本专业的基本理论知识和多学科交叉的工程技术知识，具体包括熟悉工程科学原理、应用型技术理论，以及对新材料、新工艺、新技术、新设备等多学科交叉技术标准的理解掌握。科学技术的不断进步和创新使知识、信息、学科呈现出多样性需求，多学科知识的运用和集成成为解决工程问题的关键。因此，多学科知识的交叉有助于创造性思维的形成；多维的知识学科体系则有助于工程技术人才综合运用知识以解决实际问题。

人文社会科学拥有庞大的知识体系，囊括了政治、经济、哲学、法学、管理学、心理学等多个方面。哲学知识包括辩证唯物主义及马列主义、毛泽东思想和新时代中国特色社会主义理论等。管理学知识包括项目管理、工程管理和企业管理等。对人文社会科学知识的掌握有助于应用技术人才更好地把握社会本质及其发展规律，从而更好地服务于创新型国家建设。

（二）应用型人才的实践能力

工程实践能力是工程技术人才必备的最基本的能力。作为新时期的应用技术人才必须具有很好的社会适应能力和管理能力，以便不断更新知识与技术。实践能力是应用技术人才科技创新的基础，包括专业理论应用能力、设计操作能力、工程综合能力和团队协作能力。应用技术人才应能将专业理论应用于实践，并不断对工程中存在的问题进行探索和实验，运用已有知识和技术解决问题。能将专业理论应用于实践，能发现问题和解决问题。熟练掌握专业知识，并能进行熟练操作，具有设计并进行实验分析的技能。能够在工程中综合考虑并解决问题、能够在岗位进行实践，有实践经验。

（三）应用型人才的创新技能

应用型人才应当具备完整的知识结构。首先应具备扎实的基础学科知识和专业技术知识，这是进行一切创新活动的基础。创新能力包括创新意识、创新思维和创新行为。应用技术人才的创新能力体现在对工程知识和技术有继承和创新的思维意识，有创造兴趣，面对工程问题时能运用逻辑思维解决问题，了解工程前沿及市场需求，能对知识和技术不断用新观念解释问题、用新技术解决问题。面对我国经济发展转型升级与全面提升国际竞争力的紧迫要求，工科毕业生更需要具有创新能力，以提高工程领域人力资源的整体素质。在工程管理当中，有优秀管理能力的领导者，不仅能够积极解决团队内部矛盾，还能凝结团队力量，提高工程效率。

工程问题的解决和新技术的创新离不开团队合作，应用型人才还必须具有较强的社会适应能力。社会适应能力包括协作能力、团队意识、终身学习能力等方面。工程技术人才在团队合作中，要从团队利益出发，通过在团队合作和交流中不断学习，运用学习策略不断进行知识更新。

（四）应用型人才的道德修养

道德修养是人们通过学习而养成的道德品质。依据社会规定的道德准则、职业道德、社会公德和行为规范，使个体受到家庭、学校、社会等周围环境的熏陶，通过潜移默化，逐渐内化为自身的一种素质倾向，包括个人修养、基本道德、职业道德、社会公德等。基本道德具体包括文明礼貌、诚实守信、勤俭节约、积极进取、能与他人和谐相处等，是人们共同生活时所要遵守的准则与规范。良好的职业道德是人才在就业后必备的基本素质与基本品质。社会公德是在人们长期参与社会实践而逐渐形成的，具体包括积极参加社会公益活动，有良好的环保意识。应用技术人才肩负着社会主义建设者和国家富强的时代重任，要有历史使命感和责任感，遵守社会公德和职业道德，坚定理想信念服务国家和现代化建设。因此，必须要具备个人修养、基本道德、社会公德和职业道德等基本素质。

二、应用型人才培养的质量目标

（一）应用型人才培养的目标

按照学校的办学定位，根据区域经济社会发展的需求，在人才培养的规模、质量与效益中，确立培养高质量的应用型人才。在专业设置、人才培养规格、教育教学改革与创新等方面，合理确定人才培养的质量目标。

应用型人才培养是一个复杂的体系。高校必须根据社会需求和人才培养定位，确立应用型人才培养规格，人才培养规格应涵盖道德品质、专业水平和社会适应能力。应用型人才培养的质量体系见图 13-1。

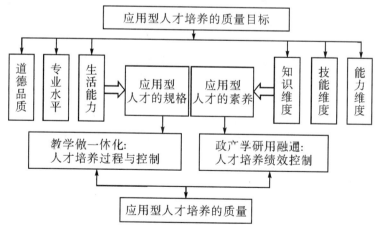

图 13-1　应用型人才培养的质量体系

（二）应用型人才培养的逻辑

创新性思维的开发与培养。高质量的应用型人才需要通过开放的课程体系、教学模式和高水平的师资，培养学生的开放思维；通过基于产教融合的创新实践，培养学生的创新思维，提高创新能力。以教师群体科学研究能力提升为动力，以学生直接参与教师科研创新为路径，解决科研与教学之间的矛盾；以教师创新性研究引领和带动学生主动思考，培养学生解决实际问题的能力。

通过产学研合作培养综合应用能力。地方高校人才培养不能好高骛远，要脚踏实地，瞄准地方、依托地方、服务地方，与地方社会经济紧密结合，紧扣地方产业，依据行业需要和特色，建设应用型专业，通过校地合作、校企联动，实现学科交叉融合，培养学生的专业素养和综合应用能力。

依托学科平台，通过科学实验，进行创新性研究，培养具有自主学习、主动实践和积极探索的创新能力。通过设置开放平台实践课程，一条主线把相关专业理论课程与专业基础实验、生产实习、毕业设计等实践课程贯穿在一起，集理论学习、技能训练、科学探索、技术革新以及行业实践于一体，通过开放的课堂教学，引导学生扎实的企业实践，实现"学、产、研"一体，"教、用、创"统一。

（三）应用型人才培养的质量框架

人才培养是一项复杂的系统工程。根据应用型人才培养的目标，借鉴前人的基本经验，我们从目标与方案、资源开发与利用、教学过程与控制、人才培养绩效四个方面构建应用型人才培养的质量框架（见表 13-2）。

表 13-2　应用型人才培养的质量框架

一级指标	二级指标及内涵	主要观测点
目标与方案	人才规格定位	市场人才需求调查，人才的知识、能力、素质结构描述，专业核心能力分析，结论论证
	人才培养方案	毕业生职业岗位及任务界定，人才定位，人才培养模式、课程设计，教学资源分析，方案论证
	专业建设规划	专业建设基础、目标、内容、标准设计，规划论证

表13-2（续）

一级指标	二级指标及内涵	主要观测点
资源开发与利用	专家指导委员会	人员组成、制度设计、制度运行、工作实效
	专业教学团队	双师结构、双师素质、专兼职比例、师生比、管理队伍
	校内实训场所	实训室、设备、内部环境、实训指导教师、管理制度、利用率
	校外实践基地	实践基地、设备、行业专家、管理制度、实践项目、利用率
	专业教学资源库	资源内容、呈现形式、利用率
	校园文化	文化内涵、形式、感染力
教学过程与控制	专业调整	市场人才需求调研、毕业生就业状况调研、专业调整方案论证
	课程体系	课程方案、课程内容、课程标准、教材、实训指导书
	课程教学与评价	教学场所与环境，教学方法与手段，课程成绩评价标准、主体与方法
	就业服务	服务内容、方式、方法、效果
	培养过程督导	督导内容、方法、结论，提高效果
	分析与改进	人才培养过程质量的分析，改进策略、措施、效果
人才培养绩效	整体素质	毕业率、双证书获取率、比赛获奖、大学生科技创新项目
	就业能力	就业率、就业对口率、起薪标准、岗位胜任度
	职业发展轨迹	岗位晋升、换岗（跳槽）、在职进修、职业满意度、职业成就感
	毕业生体验	毕业生自我成长满意度、毕业生推荐他人报考自己所学专业的意愿
	用人单位体验	顶岗实习生、毕业生岗位能力，道德面貌，团队精神，个性品质，整体满意度

从人才培养定位出发，以人才培养目标为依据、学生为中心，强化质量管理，以完善保障体系为重心，促进人才培养质量稳步提高。人才培养目标与方案包括人才培养的规格定位、人才培养方案和专业建设规划的制定等方面。基于应用型专业的经济特性，面向市场、服务区域，强化对应用型人才培养目标

与市场需求的科学性论证。资源开发与利用主要基于校内实训场所、校外实践基地、专业教学资源库和师资队伍、专业教学团队建设等方面为人才培养提供的资源保障。在教学过程与控制方面，强调专业建设与调整、课程结构、课程教学与评价、就业服务、培养过程督导、分析与改进等"过程指标"，突出"利用"和"控制"，强调质量管理。在人才培养绩效中，细分出整体素质、就业能力、职业发展、毕业生体验、用人单位体验等内容。

通过构建反映不同层次和类型教育特点的人才培养标准体系，特别要突出学生的核心素养，包括学生在各阶段应具备的品德、知识、技能、能力等基本要求。人才培养质量保障离不开资源要素的配置和培养过程各环节的相互协调，因此，在多元质量框架中，所设计的目标与方案、资源开发与利用、教学过程与控制、人才培养绩效四个方面充分体现了教师能力、教学资源投入、教育管理等关键资源要素以及课程结构、课程设置、教材、实习实践、教学、教学管理等教育教学过程，四者相辅相成、相互衔接，构成完整的质量标准体系。

三、应用型人才培养的质量评判与校正

随着产业的精细化、专业化发展，用人单位对人才的需求出现定制化、个性化倾向。用人单位需要的人才和高校培养的人才之间，并非简单的输入与输出关系，在输入与输出两端之间，更强调怎样培养人才，而这一核心环节的设计，借鉴质量功能展开的分解思想，从需求与知识、需求与技能、需求与能力等方面，按照应用型人才培养的需求、供给和输出校正人才培养的目标质量。

（一）基于需求的人才培养质量

根据人才需求的特征，深入分析应用型人才发展的趋势，厘清产业链、人才链和专业链的内在逻辑。根据应用型人才培养的规格特点，基于需求的人才培养质量包括基础理论、专业基础理论和专业实践教学等。基础理论教学在实验方面，主要培养学生基本实验技能和最基本的综合应用能力。在专业基础和专业实践教学方面，重点培养应用型学生的自主实验能力、综合应用技能，通过实习、实训等环节，提高学生的操作技能，使之积累了相应的实践经验。

以培养学生的爱国情怀、社会责任感、创新精神、实践能力为着力点，重点推进教育教学模式改革。根据培养过程主要可以从培养的理念与思路、课程体系、实践教学、教学方法、开放学习环境五个方面考虑。

（二）基于供给的人才培养质量

从资源供给来看，人才培养质量包括教学资源的质量、学校管理水平的质

量、学生获得知识和能力的质量三个方面。其中，教学资源的质量包括教学基础设施、实践教学基地、教师教育教学能力和水平等；学校管理水平的质量主要体现在教学的组织与实施、教学过程的管理、教学管理的有效性评价等；学生获得知识和能力的质量可以用毕业生的平均薪资收入、毕业生的就业稳定性和发展空间来衡量。

（三）基于输出的人才培养质量

从系统论的观点来看，应用型人才培养质量是一个"输入→输出"的过程。从满足国家、社会、学生发展的需求出发，人才培养输出的质量是指人才培养的结果。可以考虑学生的思想道德文化、知识技能和能力、社会适应性、发展需要等，可以从学生的职业道德水平、职业技能水平、职业岗位适应能力、学习创新能力和团队合作能力等方面进行评判。

通过构建应用型人才培养的创新班、实验班等班级形式，以学生综合能力评价和人格养成为核心，探索实行多阶段、内容综合、多方参与的综合性多元化评价，实现由以知识为主的结果性评价向以能力为主的过程性评价转变，深化应用型人才培养模式改革，提高应用型人才培养的质量。

第二节　应用型人才的知识、能力和技能体系

以需求为导向，运用质量屋模型，将人才需求逐层转化为设计要求，构建应用型人才培养的质量体系。根据"需求与知识""需求与能力""需求与技能"建立能力需求关系矩阵，设计反映企业对毕业生知识、能力、技能的需求程度，紧紧围绕生产的实际需要展开，尤其在课程设置、教材建设、教学内容方面，人才培养的需求就是培养高素质具有创新精神的应用型人才，知识要求就是要构建基于"开放、实践、创新"的课程体系。

一、知识体系

（一）实践课程体系

实践课程是指立足地方、企业行业，合理设置专业导论、专业基础和契合地方产业的课程。根据专业不同，合理设置学科发展的创新性实践课程，教学形式以科技创新活动为主，培养大学生的科学素养和创新能力。通过完善的课程体系、扎实的实践教学、严谨的创新探索，推动大学生创新实践（见表13-3）。

表 13-3 应用型人才培养的实践课程体系

项目	基础与认知	理论与实训	岗位与实习
开放	基础理论认知	开放实验	开放教学与科研
实践	基础实践	企业锻炼	实践创新
创新	创新性课程	创新锻炼	创新成果

（二）系统推进实训体系建设

实习实训是应用型人才培养的重要手段，在教学中应加大比重。这样，校内外实习实训条件就成为制约人才培养质量的瓶颈。应用型高校必须以满足专业发展和教学要求为原则，通过校地合作，实施产教融合，建立校内实习基地和校外实训基地等相对完备的实训体系，为大学生创造真实的职业环境，使"产、学、研"有机结合在一起，实现用企业先进设备和产品装备学校、用企业先进技术和工艺武装师生、用企业先进的文化管理教育学生、用企业家眼光和用人单位标准培养应用型人才；实现培养目标与企业需求、理论知识与实践技能、教学过程与生产过程、教学课题与生产课题有效对接。

（三）教学过程安排

学程可以分为大一、大二和大三（上）、大三（下）和大四（上）三个学习时段。根据企业岗位需求，进行模块划分。大一时期的目标是基础与认知，内容是基础理论与岗位认知课程、能力培养是掌握基本技能与方法；大二和大三（上）学期的目标是科学素养训练，内容是工程实践与产业流程相关课程、能力培养是岗位实践能力；大三（下）和大四（上）学期的目标是创新能力锻炼，内容是创新活动、实践应用课程、能力培养是创新应用能力（见表13-4）。

表 13-4 "开放·实践·创新"学习进程

学期	大一	大二、大三（上）	大三（下）、大四（上）
目标	基础与认知	科学素养训练	创新能力锻炼
内容	基础理论与岗位认知课程	工程实践与产业流程相关课程	创新活动、实践应用课程
能力	技能和方法	岗位实践能力	创新应用能力

构建人才培养实践体系。以理论知识、实践体验、创新应用教育为路径，通过理论知识体系对应理论课堂、实践体验体系对应企业岗位、创新应用体系对应实验平台，围绕传授知识、科学实践、培养学生的实践与创新能力，最终

达到服务社会的目的。

二、能力体系

能力体系的设计强调以一线生产的实际需要为核心目标，尤其要重视对基本知识和技能的熟练掌握与灵活应用。强调与一线生产实践的紧密结合，尤其要重视实验教学、生产实习等实践性、技能型教学。基于"需求与能力"的要求，应用型人才培养通过"三模块"实践教学，构建"三阶段"递进式教学体系培养学生的创新能力。

（一）构建"三模块"实践体系

围绕应用型实践，根据不同专业、学科的特点，建立由基本技能、专业技能、应用与创新技能构成的"三模块"实践教学体系。

其中，基本技能训练包括实验教学技能、计算机实践应用技能；专业技能包括专业实习和课程设计等技能；应用与创新技能包括科研训练、社会实践和劳动训练技能。通过"三模块"实践教学，培养学生的动手能力，激发学生探知新技术元素，提高学生的岗位适应能力。

（二）"三阶段"递进式教学体系

创新能力培养主要是在已具备科研实验的条件下，学生根据已经取得的知识，在教师的指导下，探求所从事领域内研究对象的客观规律，并在此基础上获得新知识的能力。通过多年的教学实践探索，构建了"三阶段"递进式创新体系。

"三阶段"递进式教学体系立足开放的实验平台，通过"专业知识的掌握→实践能力的锻炼→自主创新能力的提升"实现递进式教育；通过实践能力的锻炼，让学生养成积极思维，从事科学研究的习惯，将教学实践、科学实验中获得的技术走出实验室，并不断转化为新产品，实现技术的推广应用；通过"专业知识→实践能力→自主创新"三个方面的递进，共同构成大学生创新能力培养的内涵。

三、技能体系

（一）专业群与产业需求对接

基于应用型人才培养模式，在教学实践过程中，根据各个专业的人才培养定位，主动对接区域发展战略和产业发展布局，促进教育链、人才链与产业链、创新链的三链融合，科学论证、合理调整优化学科专业结构。为加强高素质应用型人才培养，学校主动融入地方，借势发力，加快创新性、应用型人才培养。重点打造电力装备与信息工程、新材料与能源、食品医药与健康3个专业集群，持续跟进建设基础教育、建筑与人居环境、商务服务与管理3个专业集群。

（二）课程群与职业岗位对接

依托区域主导产业、新兴产业，实施专业链与产业链对接，突出工程人才培养特色，创新应用型人才培养体系，将专业群对接职业岗位的课程群。如河南应用型高校主动服务地方"中原城市群""中原经济区"发展，主动对接地方"一极两区四基地"发展格局，培养服务经济转型升级的"工匠人才"。应用型课程是以完成工作任务所需的知识、技能为主要内容，以岗位工作流程为主线。因此，课程必须对接实际的工作岗位，通过"岗课对接"，将实际工作岗位环境转换为教学环境，将岗位工作内容、工作流程、工作技能、工作规范等转换为课程教学内容，以此为知识点，培养学生的应用能力。

岗位工作任务与课程的对接就是将岗位任务事项转换为课程学习内容。通过课程教学，让学生了解这些工作任务，将岗位工作按照类型进行分类，以类型为标志设计教学项目，通过学习这些工作任务处理的流程和方法，为将来从事该岗位工作做好充分的知识与技能准备。岗位工作流程的对接就是将实际工作岗位中的业务流程转换为课程或教学内容；将实际工作岗位中形成的操作习惯按照流程原理进行理论化，转换为可以描述的工作进程，再对接到课程内容中。岗位工作技术的对接就是将工作过程中所运用的工作方法和技巧转换为基础知识、基本技能或操作流程，根据课程要求实施工作技术技能与工作岗位对接。岗位工作规范的对接是指将在工作过程中所形成的人员管理、业务操作、质量考核等行业标准或规范融入课程建设中。其对接形式包括作为基础知识的主要组成部分与工作流程、工作技能与教学内容对接，也可以将岗位内容、工作流程、工作技能融入具体工作实践中。

（三）"课堂"与生产过程对接

构建包括思政教育课堂、专业教育课堂和文化教育课堂"三课堂"的"岗课对接"教学体系。通过"三课堂"理论教学，把立德树人作为教育的根本任务，贯穿教学的全过程，培养高素质应用型人才。

一是思政教育与工作岗位对接。在实际工作岗位中，将课程思政融入课堂教学，优化课程设计、改革教学方式方法。将思想政治工作与单位职工思想政治教育融入一体，以党校、团校为阵地，通过"书院制"，整合"思政、专业、通识、课外"教育资源，构建"三全育人"大思政格局。二是积极发挥课堂教学的主阵地作用，构建"岗课对接"的专业教育课堂。以人才动态培养、学业辅导、综合素质提升、学生自主管理为内容，通过修订人才培养方案，以完善学分制为突破口，以培养学生应用能力、创新精神、实践能力和综合素质为核心，以加强基础、拓宽口径、注重实践为重点，积极探索"岗课对接"的教学管理运行机制，从以教为中心转向以学为中心，提高学生学习的自主性，培养学生自学能力。三是构建"岗课对接"的文化教育课堂。通过统筹推进学校制度文化、校园环境标识系统、校园文明规范教育与企业文化对接，营造校企合作的育人文化氛围。在企业实践工作中，将校园文化融入企业文化中，将中华优秀传统文化有效融入实践教学的教学目标、教学内容和教学设计中，开展道德模范宣传教育，培育特色大学精神。

第三节　应用型人才培养的保障和问责机制

人才培养质量是一个全方位、多层次、多角度的系统，涵盖了学校的办学定位、发展方向和服务行业、区域经济的能力，以及专业建设、课程建设、师资队伍和教育教学质量、学生职业能力和创业创新能力等。合理的人才培养质量评价不仅能够检验人才培养目标的达成度，还能为人才培养的优化提供有利指导。

一、应用型人才培养的输入质量保障机制

围绕应用型人才培养目标，将人才培养的质量分为人才培养的输入质量评价、过程质量评价、输出质量评价和结果评价四个方面。它涵盖了输入、运行和输出整个人才培养过程，牵涉教育输入质量保障、过程质量保障和人才输出质量保障等方面。其中，过程质量评价主要考虑教学设计与过程、教育管理和教学条件等方面，人才培养的输出质量评价包括毕业生综合能力水平、毕业生就业质量和社会反馈等（见图13-2）。

以应用型人才培养为核心，从"教育输入→教育过程→人才输出→教育问责"的质量保障程序出发，对教育输入质量的各项指标进行量化分析，构建质量保障体系。根据人才培养的规格与目标，输入质量评价主要考虑市场需求、生源质量、资源投入、课程标准等方面。

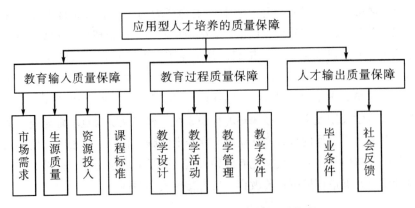

图 13-2　应用型人才培养的质量保障体系

人才培养的质量保障包括物质保障和制度保障。其中，物质保障主要指人、财、物、信息保障等，是维持和提升人才培养质量的物质基础；制度保障主要涉及制度、组织和学校文化等层面因素，如学生的态度、价值观以及学校文化等。

教育资源投入包括师资队伍和教学条件。其中，师资队伍建设是应用型人才培养的关键指标，包括师资年龄结构、学科结构、学缘结构、职称结构、生师比等；教学条件包括教学设施、图书资源、数据库资源、校内实践教学条件、校外实习基地建设以及教学经费等。

二、应用型人才培养过程中的质量保障

面对应用型人才培养的新形势，必须进一步完善与高等教育相适应的教育过程质量保障和监督体系。教育过程的质量保障要通过教学设计、教学活动、教学管理和教学条件保障四个方面来实施（见图 13-3）。

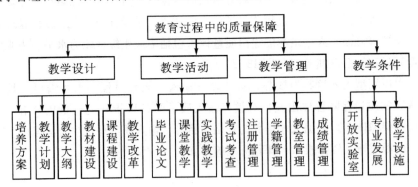

图 13-3　教育过程中的质量保障体系

（一）教学设计

教学设计包括应用型人才培养方案、教学计划、教学大纲、教材建设与课程建设等内容。教学设计是在教学活动前，根据教学对象及教学目的和要求，将参与教学活动的诸要素进行分析和策划，有序地安排教学进程，形成教学方案。在应用型人才培养方案、教学计划和教学大纲的指导下，通过教材的选取及使用，对教学目标、教学重难点、教学方法、教学步骤与时间分配和课程的进度进行合理的安排。教学设计要以学生培养为中心，教学内容聚焦学生能力培养，师资、教育资源等教学条件以满足学习效果的达成，教学评价的焦点是学生学习效果。以成果导向进行教学设计，通过社会需要的反向设计确定所有达成目标的教学过程。

（二）教学活动

教学活动主要包括课堂教学、实践教学、毕业论文与毕业设计、考试考查等活动。教学管理包括成绩、学籍、教室分配等。教学条件包括微格实验室、专业发展学校、教学基础设施。课堂教学是应用型人才培养的重点，以培养学生的动手能力和创新思维训练为主，积极推动教学资源与行业企业一线"零距离"对接，合理安排课堂教学、实践教学、毕业设计等。采用多种形式的考试手段，提高教学质量。在教材开发上，面向学生开发应用型教材。将行业企业资源引入教育教学过程，以学生为中心，在教育观念、教学方式和人才培养过程的各个环节，吸收和运用现代教育技术与知识传播方式，将优质资源引入课堂，实现教学过程与生产过程互动，形成校企协同建设的机制。

（三）教学管理

教学管理主要是指教学过程的管理，包括注册管理、学籍管理、教室管理和成绩管理。教学管理反映教学质量的水平。有效的教学管理是指导教师高质量教学的重要依据，在教学过程中，通过对学生的组织管理、教学过程的组织管理和教学效果的组织管理来实现。其中，教学过程是教学管理的核心，包括教学准备、上课、课外辅导与作业批改、课程考试等。这些指标包含了教师讲好一门课的整个过程。教学准备包括教学大纲、教材选用、备课等方面；上课则包括从讲授、教学大纲的执行、学生的到课情况等环节；课外辅导与作业批改，是检查教师课外辅导与答疑，作业批改的质量、线上资源的准备情况等；课程考试环节则是教师试卷命题、成绩评定以及试卷分析工作的管理。

（四）教学条件

教学条件主要包括专业发展、教学设施与实验室建设。从专业建设的角度看，专业发展涵盖一流专业建设、一流课程建设以及教授、副教授承担课程的比例等方面。教学设施与实验室建设包括实践教学基地、实验教学示范中心建设、实验开出率、新增校企共建校内实验室、企业（行业）专家承担教学情况等。

三、应用型人才培养过程中的问责机制

在应用型人才培养过程中，必须全方位实施教学质量监督，建立教学中的问责机制。教育问责主要包括教育行政问责、教育专业问责和教育市场问责（见图13-4）。教育行政问责可以通过建立专业信息数据库、撰写专业绩效报告等完成。通过教学院长严格执行人才培养方案、教学计划和教学大纲，通过行政问责机制保障人才培养质量；通过系主任严把专业质量关，严格把握专业基础课程、核心课程、实践课程及创新课程的质量。教育专业问责的形式可以通过专业认证、课程评估、毕业生学习评价等方面来体现。教育市场问责可以采用问卷调查的方法，通过调取师生满意度、用人单位满意度、专业排行等资料，进行统计分析了解专业链与产业链对接的契合度。采用教育市场问责机制，对问责对象、内容有不同意见的建立一个申诉委员会处理问责不满的质疑，较好地化解问责主体与问责对象之间的对立矛盾，确保专业与产业对接，课程与岗位对接，不断提高人才培养的质量。

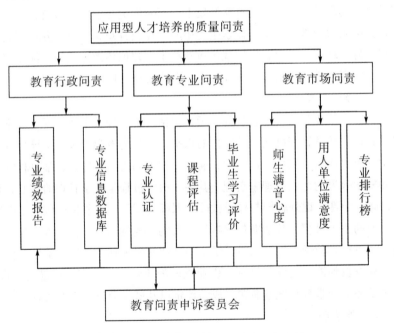

图13-4　应用型人才培养的质量问责机制

四、应用型人才培养的输出质量保障机制

如表 13-5 所示，应用型人才培养的输出质量包括毕业生的质量和社会的反馈。其中，毕业生的质量又包括毕业生综合能力和就业质量。毕业生综合能力包括毕业生理论学习能力、语言文字表达能力、技术应用能力和实践创新能力；毕业生就业质量包括毕业生供需比、毕业生就业率、毕业生就业满意度。社会的反馈主要指社会科学调查与研究能力和用人单位满意度等。就业满意度包括毕业生对薪金水平、福利待遇、工作稳定性、发展空间、工作时间和工作强度、工作环境等的满意度。用人单位满意度是指用人单位对大学毕业生的综合素质、能力和水平的满意程度。

表 13-5　应用型人才培养的输出质量

一级指标	二级指标	主要观测点及内涵
毕业生的质量	综合能力	毕业率、双证书获取率、比赛获奖、大学生科技创新项目
		岗位晋升、换岗、在职进修，职业满意度，职业成就感
		毕业生自我成长满意度
	就业质量	道德面貌、团队精神、个性品质、整体满意度
		顶岗实习生、毕业生岗位能力
		就业率、就业对口率、起薪标准、岗位胜任度
社会的反馈	社会适应能力	良好的职业精神、职业操守和对社会环境的适应能力
		以人为本的人文精神、爱岗敬业的职业品质
	社会责任感	运用所学知识服务社会、积极参与志愿服务活动；良好的学习和生活习惯，身体和心理的抗压能力
	创新意识与创新能力	具有一定的创新意识，并将其融入知识体系；具有批判性思维，具备实践和创新研究的科学精神
		积极参与创新活动，具有求真的科学态度

具有创新能力的应用型人才是在实践过程中形成的具有创新意识、创新思维和创新技能，并且在不断地创新过程中形成的具有人格特征的人才。应用型人才培养就是针对不同学习水平的学生，制定灵活开放的综合性、多元化评价机制。通过知识与技能、态度与习惯、问题解决能力等方面进行过程评价；通过指导学生研究性学习，让学生撰写研究报告、论文，积极研制新产品、撰写

专利等形式，根据结果评定成绩。根据应用型人才培养的教学评价，彻底打破一张试卷评定成绩的现象。

依据培养目标，采用多元化评价形式。建立健全"重平台、两结合、三共建、四参与"的教学质量评价形式。重平台就是重视利用科研平台教学成果评价，两结合是指校内与校外、过程与结果相结合评价，三共建是指教学质量标准体系、教学评价标准体系、教学质量保障体系的共建，四参与就是建立行业协会、企业、学校、学生四方共同参与教学质量监控、评价机制。

将开放式平台实践课程纳入人才培养方案，制订实施方案和实施细则，教师和学生全员参与，规定了指导教师职责以及对学生和教师的考核办法，保障课程实施。学生以课题项目形式开展，通过全体师生参与的全员导师制，师生全员参与、双向选择。通过查阅分析文献、实验、创新创业训练、学科竞赛、课题讨论、项目答辩等实施教学，引导实施项目驱动的研究性学习，培养学生各方面的素质。成绩考核由指导教师成绩、评阅成绩、答辩成绩等构成，对于获得成果的学生，根据贡献大小，依规认定等次，科教融合，培养应用型创新人才。

通过应用型人才培养探索，以市场需求为导向、学生的技能教育为核心，破解应用型人才供需之间的矛盾，将需求侧的期望和偏好用于指导人才供给侧改革。通过构建应用型课程体系，实现素质培养协同专业和创新能力培养的统一，使学生在创新能力、实践能力及思维能力等方面得到提升。教师通过指导学生，提高实践指导能力。学生在科研锻炼中获得了知识，受到了锻炼，达到了教学改革与实践的统一，培养出了具有创新能力的高素质、应用型人才。

参考文献：

［1］石华敏. 高等工程教育人才培养质量评价体系的构建研究［D］. 哈尔滨：哈尔滨理工大学，2013.

［2］李爱琴，肖云峰. 应用型"卓越工程师"的培养过程分析［J］. 中国电力教育，2011（22）：23.

［3］韦青松. 大学生思想品德评价的困境与对策探讨［D］. 上海：华东师范大学，2007：6.

［4］朱高峰. 工程教育中的几个理念问题［J］. 高等工程教育研究，2011（1）：3.

［5］周应中. 高职专业第三方人才培养质量评价体系的构建［J］. 职业技术教育，2012，33（5）：5-9.

［6］廖敏霞. 应用型人才培养质量评价体系构建研究与实践［J］. 职教论

坛，2016（23）：55-59.

　　[7] 钱素平. 试论新建应用型本科院校人才培养质量评价 [J]. 黑龙江高教研究，2014（6）：130-132.

　　[8] 陈晖. 创业教育教学质量评价体系研究 [J]. 中国高校科技，2011（11）：74-75.

　　[9] 杜玉波：构建高质量高等教育体系[N]. 中国教育报，2022-01-10（05）.

　　[10] 任占营. 专业建设是提升人才培养质量着力点 [N]. 中国教育报，2016-01-26（04）.